数字教材版

新编21世纪高等开放教育系列教材

互联网+远程一体化智慧数字教材

SHIYONG FALÜ JICHU

实用法律基础

（第三版）

孙　彬　王燕军　编著

中国人民大学出版社

·北京·

图书在版编目（CIP）数据

实用法律基础：数字教材版 / 孙彬，王燕军编著．
3 版．-- 北京：中国人民大学出版社，2025.7.
（新编 21 世纪高等开放教育系列教材）. -- ISBN 978-7
-300-34092-0

Ⅰ.D92

中国国家版本馆 CIP 数据核字第 20251XK916 号

新编 21 世纪高等开放教育系列教材
互联网+远程一体化智慧数字教材
实用法律基础（第三版）（数字教材版）
孙　彬　王燕军　编著
Shiyong Falü Jichu

出版发行	中国人民大学出版社		
社　　址	北京中关村大街 31 号	**邮政编码**	100080
电　　话	010－62511242（总编室）		010－62511770（质管部）
	010－82501766（邮购部）		010－62514148（门市部）
	010－62511173（发行公司）		010－62515275（盗版举报）
网　　址	http://www.crup.com.cn		
经　　销	新华书店		
印　　刷	北京七色印务有限公司	**版　　次**	2018 年 6 月第 1 版
开　　本	787 mm×1092 mm　1/16		2025 年 7 月第 3 版
印　　张	10	**印　　次**	2025 年 7 月第 1 次印刷
字　　数	200 000	**定　　价**	36.00 元

第三版前言

作为一本普法教材，理应紧跟法治建设步伐，在内容更新与理念迭代中始终保持与法治实践同频共振。《实用法律基础》主要进行了三方面的修订：一是体现党的二十届三中全会精神。党的二十届三中全会报告指出："紧扣培养担当民族复兴大任的时代新人，完善立德树人机制等。"本书不忘立德树人初心，牢记为党育人、为国育才使命，为培养堪当民族复兴大任的时代新人而贡献力量。二是根据新修订的《民事诉讼法》《公司法》等法律法规，修正教材相关内容的表述。三是配套了数字人视频，同时更新了案例、习题等一体化学习资源。

全书的编写分工为：第一章、第二章、第四章、第五章、第六章由王燕军编写；第三章由孙彬编写；第七章、第八章由何苏芸编写。

本次教材修订顺利完成，有赖于上述同人齐心协力、通力合作。同时感谢广州开放大学和中国人民大学出版社的鼎力支持。由于学识的限制，纰漏谬误之处在所难免，请广大读者不吝赐教。

编者

第一版前言

众所周知，在现代社会，建立健全完善的法律秩序对于国家、社会和公民个人都具有极为重要的意义。随着社会的快速发展、人类文明的不断进步，我们每个社会成员在获得越来越多的个人自由、享受越来越多的物质文明成果的同时，也不得不面对越来越多的问题和冲突风险。长期的人类实践证明，在社会急剧变革的形势下，要想构建一个富裕、公平的社会，创设一套良善、和谐的社会制度，使每个社会成员都能够各得其所，最大限度地实现自己的权利和自由，就必须选择法治道路，别无他途。

崇尚法治是现代社会政治文明和社会生活的基本品质。

社会关系的复杂性、多样性，决定了法律适用的复杂与艰难。健全的法律体制的建立及法治目标的实现，无疑需要一大批法律专门人才的努力，需要包括立法者、司法人员、律师、法学家等职业人运用专业技术去不断操作和完善。但是，一个国家法律制度进步与否、法治水平的高低，最终并不是决定于法律专家的工作，而是取决于社会政治、经济、文化的发展状况和全体社会成员的综合素质。因为法律制度作为社会关系的调节器，其产生、发展和完善不仅由社会的现实物质生活条件所决定，而且，全体社会成员对于法律的认识和看法、社会各阶层对于法律的价值判断和要求，都具有十分重要的作用，它决定了法治的进程和社会进步的步伐。《实用法律基础》一书旨在普及法律知识和提高公民的法律素养，帮助您推开法律之门，它的内容涵盖了与读者工作、生活息息相关的法律常识和法律问题。为了突出本书的实用性，我们避免撰写艰深、繁复的法学原理，也不追求学科体系的严密、完整，只是介绍了一些法律的基本概念和基本常识，让读者掌握简单、实用的法律知识并能实际运用。我们希望它能成为读者学法的知识窗口、用法的智慧源泉和守法的行为指南。

作为编者，我们心目中的《实用法律基础》应该是平实简洁、自然流畅的，既通俗易懂、简明扼要，又重点突出、纲举目张。这一直是贯穿全书编写的宗旨，也是我们视为追求的希冀和目标。另外，我们也在探索一种新的法律类教材的编写模式：尝试运用通俗易懂的语言介绍法的重要概念和术语，同时引入精彩的案例故事进行说明，以激发读者的学习兴趣；摒弃“白纸黑字”的纯文字教材编写模式，运用多种表现方式，形象、直观地将本课程的知识要点呈现给读者；同时在教材的体例设计上做了改革，以体现理论、实践与法律的结合，帮助读者理解法律规定，启发读者运用法律解决具体案例的思路，力求适合读者的自主学习。

本书既能为读者提供实用的法律基础知识，适用于各种非法律专业的通识课，还可以作为各类在职人员的普法教材和读物。

本书在编写过程中，参考和借鉴了已有的研究成果，引用了网络上的一些图片，在此一并表示感谢。由于学识、能力所限，书中疏漏甚至谬误之处在所难免，热切希望各位专家、读者不吝赐教、斧正，以便日后我们进一步修订、完善。

编　者

2018 年 3 月

目　录

第一章 法的一般知识

法乃善良与公正的艺术
谁若使善恶是非颠倒， 其罪恶犹如在庐井和饮泉中下毒

学习目标

知识目标

◆ 了解法的基本内容及立法和司法

素养目标

◆ 能够运用马克思主义法学思想来解析和分析法学概念，形成对中国特色社会主义法治体系建设的真诚信仰

知识要点

◆ 什么是法

◆ 法律关系和法的效力

◆ 法律责任

第一节 法的基本概念

一、法的含义与作用

法是由一定的物质生活条件决定的，是由国家制定或认可的，以权利和义务为内容，并通过国家强制力保证实施的具有普遍约束力和严格程序性的行为规范的总和。

法具有以下几个特征：

（1）法是由一定物质生活条件决定的上层建筑。

（2）法必须体现国家意志。法是国家制定或认可的。

（3）权利和义务是法的核心内容。

（4）法是具有普遍约束力的行为规范。

（5）法是具有严格程序性的行为规范。

理解法律可以通过两句话：法是一种行为规范。法是实现公平正义的一种工具。

马克思说："没有无义务的权利，也没有无权利的义务。"

法的作用就是指法对社会生活的影响。

法的作用分为法的规范作用和法的社会政治作用。法的规范作用是指法对人的行为的指引、评价、教育、预测和强制作用。法的社会政治作用包括法的政治统治作用和执行社会公共事务的作用。法的政治统治作用主要体现在法对统治阶级利益的维护，对敌对势力的打击方面；法的执行社会公共事务的作用是指对社会正常的生产、生活秩序的维护，如交通法规、技术法规等没有明显的阶级划分，是每一个法治国家必须具备的法律。

二、法律关系和法的效力

法律关系是法律在调整人们行为过程中形成的权利和义务的关系。法律关系由法律关系的主体、客体和内容三要素组成。

法律关系的主体，即法律关系的参加者，是法律关系中权利的享受者和义务的承担者。法律关系的客体是指法律关系主体之间权利和义务所指向的对象。法律关系的内容就是法律关系主体之间的法律权利和法律义务。

法的效力，即各种法的约束力的通称，是指规范性法律文件在适用对象、空间、时间三方面的效力范围。

法的对象效力，是指法的适用对象有哪些，对什么样的人和组织有效。法在什么样的空间范围或地域范围有效，即为法的空间效力。法的时间效力，是指法的效力的起止时限以及对其实施前的行为有无溯及力。

三、法律责任

法律责任是指违法者对自己的违法行为必须承担的否定性法律后果。

根据违法行为所违反法律的性质，可以把法律责任分为刑事责任、民事责任和行政责任。刑事责任是指由于刑事违法行为而产生的法律责任；民事责任是指由于民事违法行为而产生的法律责任；行政责任是指由于行政违法行为而产生的法律责任。

根据责任人主观上有无过错，可以把法律责任分为过错责任、无过错责任、公平责任。

第二节　法的运行

一、立法

立法是指享有立法权的国家机关依照法定程序，创制具有不同法律效力的规范性文件的活动。

立法程序是指享有立法权的国家机关在制定、修改或废止规范性法律文件过程中的工作方法、步骤和次序。立法包括以下四个程序：

（1）法律议案的提出。

（2）法律议案的审议。

（3）法律草案的表决和通过。法律草案表决稿经立法机关全体代表的过半数同意，即为通过。

（4）法律的公布。

立法程序坚持合法性、民主性、科学性、统一性、严肃性、稳定性和连续性的基本原则。

二、司法

司法又称法的适用。它是指国家司法机关及其工作人员依照法定职权或程序，运用法律处理具体案件的活动。

我国司法坚持的基本原则：司法公正原则，法律适用人人平等原则，以事实为依据、以法律为准绳原则，司法机关依法独立行使司法权原则，司法责任原则。

三、守法与违法

（一）守法

守法是指法的遵守，即任何组织和个人的活动，都不得违背国家现行法律的规定和要求。

守法主要包括以下两个方面的内容：一是享受法律权利，人们通过自己实施的或他人实施的行为来保证自己合法权利的实现；二是履行法律义务，人们按照法律的要求来履行法律规定的各项义务。

（二）违法

违法是指具有法定责任能力的主体，由于可归责于行为人的原因，实施的违反现行法律规定的行为。违法行为主要分为：

（1）刑事违法行为，是指违反现行刑事法律规范，依法应当追究责任的行为。

（2）民事违法行为，是指违反现行民事法律规范，依法应当追究责任的行为。

（3）行政违法行为，是指违反现行行政法律规范，依法应当追究责任的行为。

案例故事

“风能进，雨能进，国王不能进”

在德国的波茨坦地区，有一座小磨坊，这间磨坊作为德国私权神圣和司法独立的象征而始终屹立。故事要从1866年说起，有一天，德国国王威廉一世来到波茨坦的行宫，当他站在屋顶远眺大好河山时，发现眼前有一座破旧的磨坊。威廉国王认为这破旧的磨坊实在有碍观瞻，便下令予以拆除。当有官员告诉他这是别人的私有财产，神圣而不可侵犯时，威廉又下令先把这座磨坊买下来，然后再予以拆除。可是老磨坊主说什么也不卖。威廉国王恼怒了，便下令强制拆除了磨坊。谁料，这位老磨坊主具有极高的法律意识，坚决不买国王的账。于是，老磨坊主一纸诉状将威廉推上了被告席。审理此案的普鲁士最高法院的法官具有极高的法律素养，坚信“法官的上司只有一位，那就是法律”，最后判令：国王擅用王权拆毁私人房屋，违反了帝国《宪法》第79条第6款，应立即重建磨坊，并赔偿损失150塔勒。威廉国王只得服从判决，为老磨坊主重修了磨坊，并支付赔偿金。后来这座磨坊被德国政府永久性地保留了下来，并流传下来一句广为传颂的法治名言“风能进，雨能进，国王不能进”，不断地给后人讲述着一个关于民权、法治的故事。

知识链接

何谓“法律”？

獬豸

何谓“法”？

《说文解字》解释：“灋，刑也。平之如水，从水；廌，所以触不直者去之，从去。”

由此可见，汉字“法”的古体“灋”是由三个部分组成的。

氵——意为平之如水，代表古代法律追求公平正义。

廌——意为獬豸，一种独角神兽，能区分邪恶，断是非，包含神灵裁判之意。

去——触不直者去之。

獬豸是中国上古传说中的一种神兽，它似羊非羊，似鹿非鹿，头上长着一只角，故俗称“独角兽”。独角兽的样子类似麒麟，在我国古代文献中，对独角兽多有记载。虽然古人对于独角兽像羊还是像鹿说法不一、描述不同，但共同之处是头部正中都有一只角，而且不是一般的兽角，是专门用来触有罪的人的。

何谓“律”？

律，均布也。均布是古代调音律的工具。

把律解释为均布，说明律有规范人们行为的作用，是普遍的、人人应遵守的规范。

法与律合用，意为公平、规范、强制力。

正义女神

正义女神又称“法律女神”“公理女神”，她是最早出现在古希腊神话中的

女神形象，从古至今一直象征着西方国家对法律功能的理解。她蒙着双眼，一手持剑，另一手持天平；蒙着双眼是因为她始终保持中立，从不偏袒任何一方当事人；手中的天平象征着公平，而剑则象征着斩除邪恶势力。据说雕像的背后还刻有一句拉丁文法律格言：为了正义，哪怕天崩地裂！她早已从古代神话故事中那个鲜活的女神化身为一个抽象的、象征公平正义的符号。

世界上最早的成文法典——《汉穆拉比法典》

《汉穆拉比法典》（The Code of Hammurabi）是古巴比伦国王汉穆拉比（约公元前1792—前1750年在位）颁布的法律汇编，是最具代表性的楔形文字法典，也是世界上最早的一部完整保存下来的成文法典。《汉穆拉比法典》原文刻在一段高2.25米、上周长1.65米、底部周长1.90米的黑色玄武岩石柱上，故又名“石柱法”。石柱上端是汉穆拉比王站在太阳和正义之神沙马什面前接受象征王权的权标的浮雕，以象征君权神授；下端是用阿卡德楔形文字刻写的法典铭文，共3 500行、282条。现存于巴黎卢浮宫博物馆。

案例思考

上海市一男子吴某在闵行区一家羽毛球馆打球时，踩到流浪猫后摔倒受伤，被评定为十级伤残。事后，男子起诉涉事羽毛球馆所属公司及饲养流浪猫的球馆员工，法院判决该球馆员工赔偿吴某医疗费、残疾赔偿金等共计24万余元。一审法院判决流浪猫的喂养人球馆员工肖某承担赔偿责任，引起了社会关注。上海市闵行区人民法院作出二审判决：赔偿金额维持一审数额，具体赔偿责任由羽毛球馆所属公司承担80%，肖某承担20%。

法官认为羽毛球馆所属公司作为羽毛球场馆的经营者、管理者，在发现有员工投喂猫的情况下，予以放任、疏于管理，未能及时排除安全隐患；在猫进入球馆后，未能及时发现，也未及时予以驱离，导致损害的发生。因此羽毛球馆所属公司对于吴某的损害后果发生系主要原因，并具有主要过错，应当承担主要责任。肖某作为羽毛球馆员工，应当知晓场馆的安全性要求，但其在紧邻球馆东门的区域投喂涉案猫，一定程度上改变了涉案猫的生活行动习惯，增加了涉案猫进入球馆的风险，且涉案猫进入球馆，给球馆内的正常羽毛球运动增加了异常风险，因而肖某对吴某的损害发生亦具有过错，应承担相应的责任。

问题：对于本案你怎么看？

第二章 宪 法

法律高于国王之上， 连国王也不得违反
宪法就是一张写着人民权利的纸

学习目标

知识目标

◆ 了解宪法的基本内容

素养目标

◆ 学习宪法中公民基本权利的具体规定和立法背景，树立社会主义核心价值观

知识要点

◆ 宪法的含义
◆ 国体、政体
◆ 公民的基本权利和义务

第一节 宪法概述

一、宪法的概念和特征

宪法是规定国家的根本制度，保障公民基本权利，集中体现各种政治力量对比关系的根本法。

它具有以下基本特征：

（1）宪法具有最高的法律地位和效力，是国家的根本法。任何法律法规都不能与宪法相抵触，否则无效。

（2）宪法的内容是国家和社会的基本制度和基本原则，普通法律只是规定了某一方面的基本制度和规范，是宪法条文的延伸和具体化，所以普通法律中一般有“依据宪法制定本法”的表述。

（3）宪法的制定和修改程序远较普通法律严格，普通法律的制定和修改只需要过半数的立法机构的代表同意即可，但宪法的制定和修改需要三分之二的多数甚至全民公决。

（4）宪法有特别的监督实施方式。

二、新中国宪法的历史发展

新中国成立后，先后通过了四部《宪法》，分别是 1954 年《宪法》、1975 年《宪法》、1978 年《宪法》和 1982 年《宪法》。1954 年《宪法》是我国第一部具有社会主义性质的宪法，我国现行《宪法》是 1982 年《宪法》。之后伴随着改革开放的历史进程，根据现实的发展需要，又以修正案的方式分别于 1988 年、1993 年、1999 年、2004 年、2018 年进行了五次修正。1988 年的宪法修正案将私营经济写入宪法；1993 年的宪法修正案将社会主义市场经济写入宪法；1999 年的宪法修正案将邓小平理论写入宪法，确立依法治国、建设社会主义法治国家的治国方略；2004 年的宪法修正案将“三个代表”重要思想写入宪法，确立私有财产的合法保护以及人权保障，同时增加了对国歌的规定；2018 年的宪法修正案确立了习近平新时代中国特色社会主义思想在国家政治和社会生活中的指导地位，增加了有关监察委员会的各项规定，赋予设区的市有限的地方立法权，修改了国家主席任职方面的有关规定。

每一部修正案都对中国的发展产生了深远的影响。

三、宪法的架构

《中华人民共和国宪法》分为“序言”，以及“总纲”“公民的基本权利和义务”“国家机构”“国旗、国歌、国徽、首都”四章，共一百四十三条。

第二节 我国的基本制度

一、国体

国体是指国家的阶级本质。它体现一定阶级的专政，反映社会各阶级在国家中的地位。现行《宪法》明确规定：“中华人民共和国是工人阶级领导的、以工农联盟为基础的人民民主专政的社会主义国家。”这条规定清楚地阐明了我们国家的阶级性质，表明了人民民主专政是我国的国体。

二、政体

政体是指国家政权的组织形式，反映政权的构成、组织程序和行使最高权力的分配情况，以及公民参与管理国家事务的程序和方式。人民代表大会制度是我国的政权组织形式，是国家的政体。人民代表大会制度，就是以人民代表大会为政权组织形式，以民主集中制为组织与活动原则，由人民选举代表组成国家权力机关，统一领导国家事务的制度。它是我国的根本政治制度。

国体和政体是紧密联系的，国体是政体的内容，政体是国体的形式，国体决定政体。

三、国家结构形式

国家结构形式是指调整中央和地方、整体和部分之间权力关系的形式。现代国家的结构形式主要是单一制和复合制，复合制包括联邦制和邦联制，其中联邦制是主要形式。一般来说，一个国家是采取单一制还是复合制的国家结构形式，主要取决于两个因素：历史传统和民族关系。

我国是统一的多民族国家，我国各民族“大杂居、小聚居”的分布状况，各民族之间平等、团结、和谐、共同繁荣的关系和反对民族分裂的历史任务决定了我国国家结构形式只能采取单一制，地方政府的权力来自中央政府的授权，地方政府要绝对服从中央政府的领导与权威。

同时，我国单一制国家结构形式具有高度灵活性。我国根据具体国情和为解决历史遗留问题，建立了民族区域自治制度和特别行政区制度。为了处理好各民族平等发展关系，在国家统一领导下，各少数民族聚居的地方实行区域自治，赋予了民族自治地方的自治机关自治权；同时还设计了特别行政区制度，圆满解决了港、澳历史遗留问题，是“一国两制”构想的具体实践。

四、基本经济制度

我国宪法规定，国家在社会主义初级阶段，坚持公有制为主体、多种所有制经济共同发展的基本经济制度。与生产资料所有制紧密相关的是分配制度。分配制度是指社会成员获得生活资料的途径和方式。以公有制为主体、多种所有制经济共同发展的格局，决定了我国在社会主义初级阶段只能实行和坚持以按劳分配为主体、多种分配方式并存的分配制度。

第三节 公民的基本权利和义务

公民是一个法律概念，是指在法律上享有权利和承担义务、受国家宪法和法律保护的人。我国公民的概念是同国籍相一致的。现行《宪法》规定：“凡具有中华人民共和国国籍的人都是中华人民共和国公民。”

宪法规定的基本权利和一般的法律权利有着明显区别，只有那些关系到公民生存和发展，不可或缺的，也不能转让的重要权利，才能称为基本权利。

一、宪法规定的公民享有的基本权利

（1）平等权。即我们通常所说的法律面前人人平等。平等权是法律适用方面的平等，非立法方面的平等。平等权是法律地位的平等，非事实上的平等。

（2）政治权利和自由权。政治权利主要是指选举权和被选举权；政治自由包括

言论、出版、集会、结社、游行、示威的自由。

(3) 宗教信仰自由。包括两方面内容：公民既有信仰宗教的自由，也有不信仰宗教的自由。

(4) 人身自由权。主要是指人格尊严、人身自由、住宅和通信自由不受侵犯。

(5) 监督的权利。包括公民对国家机关和国家机关工作人员提出批评、建议的权利，对国家机关和国家工作人员的违法失职行为，提出申诉、控告、检举和获得赔偿的权利。

(6) 社会经济权利。具体可以分为财产权、劳动权、休息权和物质帮助权等。

(7) 文化教育的权利和自由。在我国，公民的受教育权既是权利又是义务。

(8) 特定人的权利。特定人是指两类人：一是社会的弱势群体，比如妇女、儿童、老人；二是身份比较特殊的人，比如华侨、归侨、侨眷。

二、宪法规定的公民的基本义务

我国公民在享受宪法赋予的基本权利的同时，也要承担相应的义务。

(1) 维护国家统一和全国各民族团结的义务。

(2) 遵守宪法和法律的义务。

(3) 维护祖国的安全、荣誉和利益的义务。

(4) 依法服兵役和参加民兵组织的义务。

(5) 依法纳税的义务。

(6) 劳动的义务。

(7) 受教育的义务。

(8) 夫妻双方有实行计划生育的义务。

(9) 父母有抚养教育未成年子女的义务，成年子女有赡养扶助父母的义务。

我国法律规定的公民基本权利和义务体现出来的特点是广泛性、现实性、一致性和平等性。

第四节 国家机构和国家标志

国家机构是国家机关的总和，是按一定职责关系形成的国家机关的体系。

根据我国国家机构的设置（见图 2－1），全国人民代表大会处于最高位置，是我国最高权力机关和立法机关，实行议行合一，其他国家机关都是由全国人大通过宪法和法律设置的，要接受全国人大的监督，并对全国人大负责。国家主席是国家机构，同时也是我国的国家元首。国家副主席协助国家主席工作。当国家主席、国家副主席都缺位时，由全国人民代表大会补选；在补选以前，由全国人大常委会委员长暂时代理主席职位。国务院是我国最高行政机关，是权力机关的执行机关。国务院实行总理负责制，其享有的职权就是国家行政管理权。中央军事委员会是我国武装力量的最高领导机关。国家监察委员会是我国最高监察机关。全国人大常委会赋予监察委员会监督、调查、处置三大职权。其中，监督是指对所有行使公权力的人员依法履职、秉公用权、廉洁从政从业以及道德操守情况进行监督检查。可以采取的 12 项调查措施是谈话、讯问、询问、查询、冻结、调取、查封、扣押、搜查、勘验检查、鉴定、留置。最高人民法院和最高人民检察院是我国最高司法机关，分别行使国家审判权和检察权。

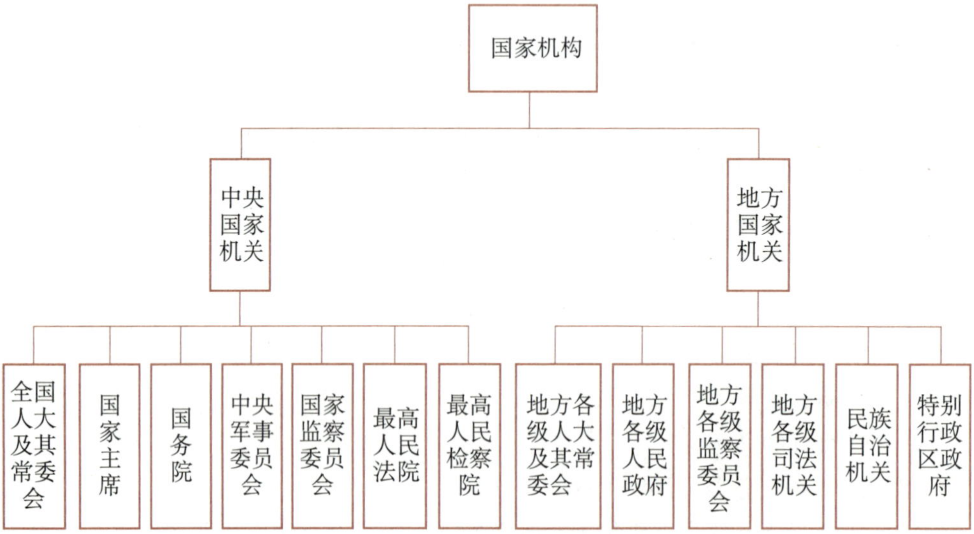

图 2-1　我国国家机构的设置

地方国家机关包括地方各级人大及其常委会、地方各级人民政府、地方各级监察委员会、地方各级司法机关、民族自治机关和特别行政区政府等。

我国的国家标志分别是国旗、国歌、国徽和首都。

案例故事

中国宪法司法化第一案

1990 年，齐某苓与陈某琪都是山东省滕州市第八中学的初中学生，都参加了中等专科学校的预选考试。陈某琪在预选考试中成绩不合格，失去了继续参加统一招生考试的资格。而齐某苓通过预选考试后，在当年的统一招生考试中取得了超过委培生录取分数线的成绩。山东省济宁商业学校给齐某苓发出录取通知书，由滕州市第八中学转交。陈某琪从滕州市第八中学领取了齐某苓的录取通知书，并在其父亲陈某政的策划下，运用各种手段，以齐某苓的名义到济宁商业学校就读直至毕业。毕业后，陈某琪仍然使用齐某苓的姓名在中国银行滕州支行工作。齐某苓发现陈某琪冒用其姓名后，向山东省枣庄市中级人民法院提起民事诉讼。

最终，最高人民法院经过研究后，作出了《关于以侵犯姓名权的手段侵犯宪法保护的公民受教育的基本权利是否应承担民事责任的批复》，认定陈某琪等侵犯了齐某苓依据宪法享有的受教育权。司法界、学术界、媒体将此案称为“中国宪法司法化第一案”。

律师的回答

一位律师养了一条狗。有一天，狗的链子开了，狗四处奔跑，最后冲到一家肉店，偷吃了一块肉。肉店老板来到律师的办公室，问道：“如果一条未拴牢的狗在我的店里偷吃了一块肉，我有没有权利向狗的主人索赔?”

“完全可以。”律师回答道。

“那么你欠我 8 美元 50 美分，你的狗今天没有拴起来，跑到我店里偷吃了一块肉。”

律师二话没说，给肉店老板开了一张 8 美元 50 美分的支票。

第二天，肉店老板打开邮箱，发现一封律师来信，上写：应付咨询费 20 美元。

知识链接

英国《大宪章》

《大宪章》(The Great Charter) 是英国于 1215 年订立的宪法，用来限制英国国王（主要是针对当时的国王约翰一世）的绝对权力。订立《大宪章》的主因是教皇、英国国王约翰一世及封建贵族对王室权力出现意见分歧。《大宪章》要求王室放弃部分权力，尊重司法过程，接受王权受法律的限制。《大宪章》被公认为英国人权发展史上的一个里程碑式的文件。从《大宪章》开始，最高权力受到了法律的限制，相应的，权力退让出来的领域即要由权利来占领。《大宪章》是人类历史上最早具有典范性的人权法律文本。

国家标志

国旗：中华人民共和国国旗是五星红旗。中华人民共和国国旗旗面为红色，象征革命。旗上的五颗五角星及其相互关系象征共产党领导下的革命人民大团结。五角星用黄色是为了在红底上显出光明，四颗小五角星各有一尖正对着大星的中心点，这是表示围绕着一个中心而团结，在形式上也显得紧凑、美观。

国歌：中华人民共和国国歌为《义勇军进行曲》。2004 年 3 月 14 日，十届全国人大二次会议通过的《中华人民共和国宪法修正案》规定："中华人民共和国国歌是《义勇军进行曲》。" 2024 年 9 月 1 日，国务院新闻办举行新闻发布会，发布国歌标准演奏曲谱和官方录音版本。按照《中华人民共和国国歌法》的规定，国歌标准演奏曲谱、国歌官方录音版本在中国人大网和中国政府网上发布。奏唱国歌时，在场人员应当肃立，举止庄重，不得有不尊重国歌的行为。国歌不得用于或者变相用于商标、商业广告，不得在私人丧事活动等不适宜的场合使用，不得作为公共场所的背景音乐等。

国徽：中华人民共和国国徽中间是五星照耀下的天安门，周围是谷穗和齿轮，象征中国人民自"五四运动"以来的新民主主义革命斗争和工人阶级领导的以工农联盟为基础的人民民主专政的新中国的诞生。1950 年 6 月 18 日，中国人民政治协商会议第一届全国委员会第二次会议通过中华人民共和国国徽图案及对该图案的说明。同年 9 月 20 日，毛泽东主席发布命令，公布中华人民共和国国徽。

首都：北京是中华人民共和国的首都，是中国的政治、文化和国内国际交往中心，是世界历史文化名城和古都之一。早在 70 万年前，北京周口店地区就出现了原始人群落"北京人"。北京最初见于记载的名字为"蓟"。公元前 1045 年成为蓟、燕诸侯国的都城。从公元前 221 年秦始皇统一中国到 937 年，北京一直是中国北方的重镇和地方政权的都城。938 年，辽以北京（时称燕京）为陪都；此后，金、元、明、清各代都以此地为都城，前后达 650 多年。1949 年 10 月 1 日中华人民共和国成立，北京成为新中国的首都。

案例思考

2003 年 3 月 17 日，27 岁的孙志刚在广州的大街上行走时，因为未办理暂住证被收容。三天后，孙志刚在广州收容人员救治站被打死。5 月 16 日，许志永、俞江、滕彪 3 位青年法学博士以公民名义"上书"全国人大常委会，要求对国务院制定的《城市流浪乞讨人员收容遣送办法》有关条款进行违宪审查。6 月 18 日，国务院宣布废止 1982 年 5 月发布的《城市流浪乞讨人员收容遣送办法》。

问题：以上案例说明了什么？

第三章 工会法

每一位公民， 都应有一种受到平等关心和尊重的权利

学习目标

知识目标

◆ 了解工会的基本概况

素养目标

◆ 通过了解工会职能及工会的权利和义务，理解“组织起来，切实维权”的内涵，体会到党对广大工会会员的关心、期望，从而坚定对党的领导的信念

知识要点

◆ 工会的权利和义务

◆ 工会组织

◆ 违反工会法的法律责任

第一节 工会法概述

一、工会法的概念和特征

工会是职工自愿结合的工人阶级的群众组织。工会法是调整工会与国家、用人单位、职工及会员的关系的法律规范的总称。

我国工会法具有以下主要特征：

（1）调整工会关系，体现国家意志。

（2）保障工会权利。工会法在内容上突出权利规定，工会的义务规定服从于工会的权利规定。

（3）工会法的调整对象具有多元性。

（4）工会的权利和义务因法律关系主体的不同而不同。

（5）工会法是劳动法的主要组成部分，调整集体劳动关系是其主要特色。

我国 2021 年《工会法》修改的亮点：

（1）突出坚持党的领导，进一步完善指导思想，充分体现工会组织的政治性。明确“工会是中国共产党领导的职工自愿结合的工人阶级群众组织，是中国共产党联系职工群众的桥梁和纽带”。

（2）积极回应新时代社会主要矛盾变化，拓展工会基本职责。将工会基本职责由“维护职工合法权益”拓展为“维护职工合法权益、竭诚服务职工群众”。

（3）落实党中央关于产业工人队伍建设改革的决策部署，明确产业工人队伍建设改革的法律地位。

（4）适应经济社会和职工队伍发展变化，进一步完善职工建会入会权利。规定“工会适应企业组织形式、职工队伍结构、劳动关系、就业形态等方面的发展变化，依法维护劳动者参加和组织工会的权利”。

二、工会法调整对象的特点

工会法调整的实质上是一种特定的社会关系，这种社会关系具体包含以下内容：

（1）工会与用人单位的关系。这是工会法所调整的最主要的关系。在这种关系中，大部分涉及劳动关系。在劳动关系中，劳动法侧重于调整个别劳动关系，而工会法则侧重于调整集体劳动关系。

（2）工会与国家的关系。这是工会与用人单位关系的延伸和发展。如果说工会与用人单位的关系更多的是一种经济关系的话，那么工会与国家的关系则更多地表现为一种社会关系。

（3）工会与职工及会员的关系。这包括工会组织之间、工会与会员及职工之间的关系。工会组织之间的关系通过工会法中关于工会的组织原则、组织制度、组织建制等规定加以调整；工会与会员及职工之间的关系则主要通过工会的权利与义务、工会的性质和任务来加以规范。

第二节　工会的权利和义务

一、工会的权利

（一）工会的代表权

工会的代表权是指工会有代表职工合法权益的权利。《工会法》《劳动法》均对工会的代表权作了明确规定。《工会法》第 2 条第 2 款规定："中华全国总工会及其各工会组织代表职工的利益，依法维护职工的合法权益。"《劳动法》第 7 条第 2 款规定："工会代表和维护劳动者的合法权益，依法独立自主地开展活动。"

（二）工会的维护权

工会的维护权是指工会有依法维护职工合法权益的权利。这是工会的一项重要权利。《工会法》第 6 条第 1 款规定："维护职工合法权益、竭诚服务职工群众是工会的基本职责。"工会行使维护权应当处理好全国人民总体利益与职工具体利益的关系，其中，代表和维护职工的合法利益是工会维护权的基本出发点和基本职责。

（三）工会的参与权

工会的参与权是指工会有代表职工参与国家和社会事务的管理以及参与企业管理的权利。其中，工会参与国家和社会事务的管理，包括参与立法、参政议政等内容；参与企业管理则包括通过职工代表大会和其他形式参与企业民主管理和民主监督，参与企业劳动争议处理等。

（四）工会的监督权

工会的监督权是指工会对国家行政机关和用人单位行政部门在执行国家劳动法

律、法规和相关政策上有监督的权利。我国法律确认和保障工会的监督权。没有监督权，工会的其他权利便难以有效行使。

（五）工会的协商谈判权

工会的协商谈判权是指工会有代表职工与企业一方就劳动报酬、工作时间、休息休假、劳动安全卫生和社会保险福利等事项进行协商谈判，签订集体合同的权利。在社会主义市场经济条件下，工会代表职工与用人单位进行协商谈判、签订集体合同，已成为协调劳动关系的一项重要机制。

二、工会的义务

（一）维护国家政权，支持和协助企事业行政工作

维护社会主义国家政权，支持、协助人民政府和用人单位开展工作，是社会主义国家工会的特有义务。这是由工会与社会主义国家、用人单位在根本利益上的一致性决定的。

（二）动员和组织职工参加社会主义经济建设

社会主义经济建设不仅是政府及用人单位的任务，同样也是工会应当履行的义务。工会参加社会主义经济建设的方式，不同于行政部门直接组织指挥生产经营，而是通过引导的方式吸引广大职工参加经济建设，调动职工的积极性，提高职工的文化和业务素质，促进社会生产力的发展。

（三）教育职工，提高职工素质

教育职工，提高职工素质，是我国工会的一项重要的义务。特别是在大力发展科学技术的今天，造就一支有理想、有道德、有文化、有纪律的职工队伍，更具有战略意义。

第三节 工会组织

一、组织原则

（一）民主集中制原则

民主集中制原则作为工会的组织原则主要体现在以下方面：

（1）各级工会委员会由会员大会或者会员代表大会民主选举产生。各级工会委员会向同级会员大会或者会员代表大会负责并报告工作，接受其监督。工会会员大会或者会员代表大会有权撤换或者罢免其所选举的代表或者工会委员会组成人员。

（2）上级工会组织领导下级工会组织。

（二）产业和地方相结合的组织领导原则

我国工会实行产业和地方相结合的组织领导原则：同一企业、事业、机关单位中的会员，组织在一个工会基层组织中；同一行业或性质相近的几个行业，根据需要建立全国的或地方的产业工会组织。除少数行政管理体制实行垂直管理的产业，其产业工会实行产业工会和地方工会双重领导、以产业工会领导为主外，其他产业工会均实行以地方工会领导为主、同时接受上级产业工会领导的体制。省、自治区、直辖市、自治州、市、县（旗）建立地方总工会。地方总工会是当地地方工会组织和产业工会地方组织的领导机关。全国建立中华全国总工会。中华全国总工会是各地方总工会和各产业工会全国组织的领导机关。

二、社团法人资格

中华全国总工会、地方总工会、产业工会具有社会团体法人资格。基层工会组织具备《民法典》规定的法人条件的，依法取得社会团体法人资格。

三、基层工会

企业、事业单位、机关有会员 25 人以上的，应当建立基层工会委员会；不足 25 人的，可以单独建立基层工会委员会，也可以由两个以上单位的会员联合建立基层工会委员会，也可以选举组织员一人，组织会员开展活动。

企业职工较多的乡镇、城市街道，可以建立基层工会的联合会。基层工会组织的建立，必须报上一级工会批准。基层工会组织所在的企业终止或者所在的事业单位、机关被撤销，该工会组织相应撤销，并报上一级工会。

四、工会会员的权利和义务

（一）工会会员的权利

（1）选举权、被选举权和表决权。

（2）对工会组织和工会干部进行监督。

（3）对国家和社会生活中出现的问题提出意见和建议，并有权要求工会组织向有关方面反映问题。

（4）在其合法权益受到侵犯时，要求工会给予保护。

（5）享受工会举办的文化、教育、娱乐和疗休养等优惠待遇以及工会给予的奖励。

（6）在工会会议和工会报刊上，参加关于工会工作和职工关心的问题的讨论。

（二）工会会员的义务

（1）学习政治、经济、文化、科学、技术和工会基本知识等。

（2）参加民主管理，努力完成生产和工作任务。

（3）遵守国家法律，维护社会公德和职业道德，遵守劳动纪律。

（4）正确处理国家、集体、个人三者的利益关系，与危害国家和集体利益的不良行为作斗争。

（5）维护工人阶级内部的团结和统一，发扬阶级友爱，搞好互助互济。

（6）遵守工会章程，执行工会决议，参加工会活动，按月缴纳会费。

第四节 工会的经费和财产

一、工会的经费和财产来源

（一）工会经费的来源

工会经费是指维持和保障工会正常活动所需要的费用。根据《工会法》第 43 条的规定，工会经费的来源为：

（1）工会会员缴纳的会费。

（2）建立工会组织的用人单位按每月全部职工工资总额的百分之二向工会拨缴的经费。

（3）工会所属的企业、事业单位上缴的收入。

（4）人民政府的补助。

（5）其他收入。

（二）工会财产的来源

工会财产是指工会拥有的包括动产和不动产在内的物质财富。工会财产的来源有两方面：一是由政府和企事业行政直接拨给；二是工会经费购置。各级人民政府和用人单位应当为工会办公和开展活动，提供必要的设施和活动场所等物质条件。

二、工会的经费及其使用

《工会法》第 43 条第 3 款规定："工会经费主要用于为职工服务和工会活动。经费使用的具体办法由中华全国总工会制定。"根据中华全国总工会的有关规定，我国的工会经费主要用于工会活动费用的支出、工会培训费用的支出、职工福利与生活的补助费用以及公益事业的支出和其他项目的开支。

三、工会的经费和财产管理与监督

《工会法》第 45 条第 1 款规定："工会应当根据经费独立原则，建立预算、决算和经费审查监督制度。"工会的财务管理体制实行"统一领导，分级管理"的原则。工会经费审查监督是指工会组织内部对各项经费收支和财产管理进行的审查与监督。它是工会独立管理经费的需要，是工会经费、财产管理的重要组成部分。工会建立经费审查监督制度的目的，在于保证工会任务的顺利完成，促进增收节支，合理使用经费，保证各级工会预算和财务收支计划的实现，全面完成工会的各项工作计划。

四、工会的经费和财产保护

保护工会的经费和财产不受侵害，是工会顺利开展活动的前提。

《工会法》第 44 条规定："企业、事业单位、社会组织无正当理由拖延或者拒不拨缴工会经费，基层工会或者上级工会可以向当地人民法院申请支付令；拒不执行支付令的，工会可以依法申请人民法院强制执行。"第 47 条规定："工会的财产、经费和国家拨给工会使用的不动产，任何组织和个人不得侵占、挪用和任意调拨。"第 48 条规定："工会所属的为职工服务的企业、事业单位，其隶属关系不得随意改变。"工会所属企业、事业单位的收入是为职工服务的，是为工会事业发展服务的，因而禁止任何行政机关非法占有、使用和处分工会所属企业、事业单位的资产，禁止随意改变工会所属企业、事业单位的产权关系。一旦发生随意改变工会所属企业、事业单位隶属关系的情况，工会有权要求国家进行干预，制止侵权行为，维护自身合法权益。国家保护工会及所属企业、事业单位合法权益不受侵犯。

第五节 违反工会法的法律责任

一、责任形式

违反工会法的法律责任，分为行政责任、民事责任、刑事责任三类。

（一）行政责任

行政责任是指违法行为人应该承担的行政法上的法律后果。它可以分为行政处罚和行政处分两类。行政处罚，是指国家行政机关的职能部门根据授权，对违法行为人采取行政强制措施。行政处分，是指单位对其所属人员采取行政惩戒措施。对违反工会法的，主要是由劳动行政部门或县级以上人民政府对有关责任人员采取行政处罚和行政处分，具体措施为责令改正、警告、罚款、降职、撤职等。例如，对阻挠职工依法参加和组织工会或者阻挠上级工会帮助、指导职工筹建工会，对依法履行职责的工会工作人员进行打击报复等违法行为，由劳动行政部门责令其改正，拒不改正的，由劳动行政部门提请县级以上人民政府处理。

（二）民事责任

民事责任是指违法行为人给他人造成损害时应承担的赔偿责任。违反工会法的民事责任，是指工会、用人单位、其他组织和个人因违反工会法给他人造成损失的，应承担的赔偿责任，如返还财产、赔礼道歉、赔偿损失等。违反工会法的民事责任，主要针对侵犯工会财产权或工会其他权益的违法行为在追究违法者行政责任和刑事责任的同时，涉及所造成的损失应追究的赔偿责任。例如，侵害工会及其工作人员合法权益并造成经济损失、因职工参加工会活动而被解除劳动合同、侵占工会经费和财产拒不返还等，应当承担赔偿责任。

（三）刑事责任

刑事责任是指违法行为人的行为构成犯罪时应承担的刑罚。违反工会法的刑事责任，是指用人单位的负责人、工会工作人员以及其他人员的行为违反工会法的同时也触犯刑法的，所追究的刑事责任，包括拘役、判刑等。根据《工会法》的有关规定，以暴力、威胁等手段阻挠职工依法参加和组织工会或者阻挠上级工会帮助、指导职工筹建工会，造成严重后果，构成犯罪的，依法追究刑事责任；对依法履行职责的工会工作人员进行侮辱、诽谤或者进行人身伤害，构成犯罪的，依法追究刑事责任。根据《工会法》第56条的规定，工会工作人员违反《工会法》的规定，损害职工或者工会权益，构成犯罪的，依法追究刑事责任。

二、权利救济

当工会成员及工会的合法权益受到侵犯时，可通过两种救济途径来维护自己的权利：一是行政救济；二是司法救济。《工会法》第50条规定："工会对违反本法规定侵犯其合法权益的，有权提请人民政府或者有关部门予以处理，或者向人民法院提起诉讼。"

案例故事

某市被非法解雇的工会干部获赔两年工资

在某市中级人民法院民事调解室，被龙钻纸品厂非法解雇的工会主席胡某、工会委员杨某郑重地在调解书上签下自己的名字，每人接过龙钻纸品厂支付的两年工资。至此，该企业非法解雇工会主席事件，在某市总工会的持续维权努力下，对簿公堂两年之后终于画上了句号。走出法院的大门，胡某感叹："总工会的干部真了不起，龙钻纸品厂被公开谴责后关门倒闭了，我压根没想到还能拿到赔偿。"杨某表示："我不在乎拿钱多与少，关键是维护了《工会法》的尊严。"

胡某、杨某经员工民主选举，分别担任龙钻纸品厂工会主席、工会委员。但仅仅过了半年时间，该企业以合同到期为由，解除了与他们的劳动合同。此后，某市总工会不停地与企业进行协调，并同时给予两人法律援助。在企业置若罔闻的情况下，他们最终走上了法庭。法院调解结果明确支持了《工会法》第53条的规定，即工会工作人员因履行该法规定的职责而被解除劳动合同的，责令给予年收入2倍的赔偿。

知识链接

中国工会会徽

中国工会会徽，选用汉字"中""工"两字，经艺术造型呈圆形重叠组成，并在两字外加一圆线，象征中国工会和中国工人阶级的团结统一。会徽的制作标准，由中华全国总工会规定。

中华全国总工会旧址

中华全国总工会旧址是中华全国总工会成立后的第一个总部所在地，在广州越秀南路 89 号。馆舍原为惠州会馆。1924 年 1 月至 1925 年 9 月，中国国民党中央党部在此办公。1924 年 7 月至 10 月，第二届农民运动讲习所设于此。1925 年 10 月，中华全国总工会迁至此，此处成为大革命时期领导全国工人运动的中心。1926 年在门前两侧修筑"工农运动死难烈士纪念碑"和"廖仲恺先生牺牲处纪念碑"。1927 年，中华全国总工会北迁汉口，旧址改为中华全国总工会驻广州办事处。1959 年，旧址辟为纪念馆。1988 年，旧址被国务院公布为全国重点文物保护单位。

案例思考

某公司为一家成立于 2020 年的私营企业，成立初期企业的规模比较小。由于总经理经营有方，企业获得较大的发展，规模不断扩大，到 2025 年年初，该私营企业已经有员工 60 余人。该公司对待员工十分苛刻，经常强令员工加班加点并经常有训斥员工的现象。由于该公司一直没有成立工会，员工无法通过工会组织来保护自己的合法权益。公司办公室职员邓某向劳动保障行政部门和市总工会咨询了工会的有关事宜，决定联合单位的其他员工组建工会，以维护员工的合法权益。当公司总经理听说员工要组建工会时，非常恼火并威胁说："工会只能在国有企业搞，私营企业不需要工会。谁带头组织就开除谁。"

问题：劳动者有权组建工会吗？工会该如何组建呢？

第四章

民商法

在民法的慈母般的眼里， 每一个个人就是整个的国家

学习目标

知识目标

◆ 了解民法的一般知识和框架内容

◆ 了解公司法、消费者权益保护法的基本原则

素养目标

◆《民法典》彰显以人民为中心的发展思想，高度重视对私权利的保护，提升了国家治理能力，推动了法治政府建设。通过对《民法典》各项制度的学习，增强道路自信、理论自信、制度自信、文化自信

知识要点

◆ 诚实信用原则、公序良俗原则

◆ 物权、债权、人身权、知识产权

◆ 婚姻与继承

◆ 民事责任

◆ 公司

◆ 消费者权益保护

第一节 民法的基础理论

一、民法的概念及基本原则

（一）民法的概念

根据我国《民法典》的规定，我国民法是调整平等主体的自然人、法人和非法人组织之间的人身关系和财产关系的法律规范的总和。民法的调整对象见图 4－1。

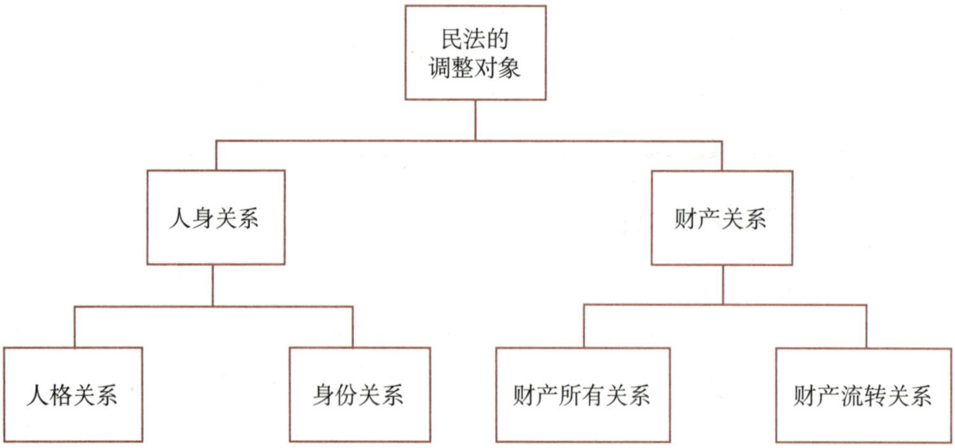

图 4－1 民法的调整对象

（二）民法的基本原则

民法的基本原则是民事立法的指导方针，是一切民事主体均应遵循的行为准则，是解释民事法律法规的依据以及补充法律漏洞、发展学说判例的基础。我国民法的基本原则包括以下几点。

1. 自愿原则

参加民事活动的当事人在法律允许的范围内享有完全的自由，按照自己的自由意思决定缔结合同关系，为自己设定权利或对他人承担义务，除非是违背法律的强制性规定，否则任何机关、组织和个人不得非法干预。自愿原则是民法的核心原则，它要求民事主体在民事活动中充分表达真实意思，虚伪的意思或者在受欺诈、胁迫的情况下表达的意思都是无效或可撤销的。

2. 平等原则

在民事活动中，一切当事人的法律地位平等，任何一方不得把自己的意志强加给对方。平等原则主要体现在《民法典》第 4 条："民事主体在民事活动中的法律地位一律平等。"平等原则最集中反映了民事法律所调整的社会关系的本质特征，是民事法律区别于其他部门法的主要标志，也是市场经济条件下当事人开展民事活动的必要前提条件，因为没有平等就不可能有真正的商品交换。

3. 公平原则

我国《民法典》第 6 条明确规定了公平原则。该原则要求民事主体从事民事活动，应当合理确定各方的权利和义务。设立公平原则的目的，在于规范市场交易关系，要求兼顾双方的利益，并为诚信原则、情势变更原则、显失公平原则树立判断基准。

4. 诚信原则

诚信原则是指民事主体在民事活动中，必须以善意的方式行使权利和履行义务。它是市场经济活动中的道德准则，要求一切市场参加者符合诚实商人的道德标准，在不损害他人利益和社会公益的前提下，追求自己的利益。其目的是在当事人之间的利益关系和当事人与社会之间的利益关系中实现平衡，并维持市场道德秩序。

5. 守法与公序良俗原则

民事法律行为的内容及目的不得违反法律，不得违背公序良俗。这一原则在现行法上的根据是《民法典》第 8 条。它有维护国家利益、社会公共利益及一般道德观念的功能，目的在于遇有损害国家利益、社会公益和社会道德秩序的行为，而又缺乏相应的禁止性法律规定时，法院可直接适用公序良俗原则判决该行为无效。

6. 绿色原则

我国《民法典》第 9 条规定："民事主体从事民事活动，应当有利于节约资源、保护生态环境。"绿水青山就是金山银山。绿色原则的提出，是我国法律界回应环境问题挑战的一个鲜明标志，也是中国制定面向生态文明新世纪的《民法典》的应有态度。

二、民事主体

民事主体是指能够参与民事法律关系，享有民事权利和承担民事义务的人。民事主体包括自然人、法人和非法人组织。

（一）自然人

自然人可以依法享有民事权利和承担民事义务，是最主要的民事主体。我国民法所说的自然人除了包括我国公民以外，还包括外国人和无国籍人。

1. 自然人的民事权利能力

自然人的民事权利能力是指法律赋予自然人享有民事权利、承担民事义务的资格。各国民法均规定，每个自然人的民事权利能力都是平等的，不因性别、年龄、民族、种族、宗教信仰、身份、文化程度和财产状况而有差别。自然人的民事权利能力从出生时起到死亡时止，非依法律规定不能受限制或被剥夺，而且自然人自己也不能放弃或转让。自然人的出生时间和死亡时间，以出生证明、死亡证明记载的时间为准；没有出生证明、死亡证明的，以户籍登记或者其他有效身份登记记载的时间为准。有其他证据足以推翻以上记载时间的，以该证据证明的时间为准。

我国《民法典》第 16 条规定："涉及遗产继承、接受赠与等胎儿利益保护的，胎儿视为具有民事权利能力。但是，胎儿娩出时为死体的，其民事权利能力自始不存在。"

自然人的民事权利能力可分为一般民事权利能力和特殊民事权利能力。一般民事权利能力是指参与一般民事法律关系的法律资格。一般民事权利能力是自然人都具备的，如财产权、人身权等。特殊民事权利能力是指参与特殊民事法律关系的法律资格，法律只是将其赋予具备特定条件的自然人。

2. 自然人的民事行为能力

自然人的民事行为能力是指自然人能够以自己的行为行使民事权利和承担民事义务，从而使民事法律关系发生、变更或消灭的一种资格。

自然人的民事行为能力是以行为人具备意思能力为前提的。意思能力是指行为人必须具备识别、判断、控制自己行为的能力。自然人的意思能力主要受年龄和精神状况的影响。我国民法根据年龄和精神状况的不同，将自然人的民事行为能力分为完全民事行为能力、限制民事行为能力和无民事行为能力三种。

（1）完全民事行为能力。

完全民事行为能力是指自然人完全独立从事民事活动，取得民事权利和承担民事义务的资格。我国《民法典》第 17 条规定："十八周岁以上的自然人为成年人。不满十八周岁的自然人为未成年人。"第 18 条规定："成年人为完全民事行为能力人，可以独立实施民事法律行为。十六周岁以上的未成年人，以自己的劳动收入为主要生活来源的，视为完全民事行为能力人。"所谓"以自己的劳动收入为主要生活来源"，是指其劳动收入能够满足一般生活需要，并可以达到当地居民生活的一般水平。

（2）限制民事行为能力。

限制民事行为能力是指自然人可以部分地独立从事民事活动的资格。我国《民法典》第 19 条规定："八周岁以上的未成年人为限制民事行为能力人，实施民事法律行为由其法定代理人代理或者经其法定代理人同意、追认；但是，可以独立实施纯获利益的民事法律行为或者与其年龄、智力相适应的民事法律行为。"第 22 条规定："不能完全辨认自己行为的成年人为限制民事行为能力人，实施民事法律行为由其法定代理人代理或者经其法定代理人同意、追认；但是，可以独立实施纯获利益的民事法律行为或者与其智力、精神健康状况相适应的民事法律行为。”

（3）无民事行为能力。

无民事行为能力是指自然人不具有以自己的行为参与民事法律关系，取得民事权利和承担民事义务的资格。我国《民法典》第 20 条规定：“不满八周岁的未成年人为无民事行为能力人，由其法定代理人代理实施民事法律行为。”第 21 条规定：“不能辨认自己行为的成年人为无民事行为能力人，由其法定代理人代理实施民事法律行为。八周岁以上的未成年人不能辨认自己行为的，适用前款规定。”“不能辨认自己行为”是指没有判断能力和自我保护能力，不知其行为后果。

我国《民法典》第 24 条规定：“不能辨认或者不能完全辨认自己行为的成年人，其利害关系人或者有关组织，可以向人民法院申请认定该成年人为无民事行为能力人或者限制民事行为能力人。被人民法院认定为无民事行为能力人或者限制民事行为能力人的，经本人、利害关系人或者有关组织申请，人民法院可以根据其智力、精神健康恢复的状况，认定该成年人恢复为限制民事行为能力人或者完全民事行为能力人。本条规定的有关组织包括：居民委员会、村民委员会、学校、医疗机构、妇女联合会、残疾人联合会、依法设立的老年人组织、民政部门等。”

3. 监护

监护是指对无民事行为能力人和限制民事行为能力人的人身、财产及其他合法权益进行监督和保护的一种民事法律制度。履行监督和保护职责的人，称为监护人；被监督、保护的人，称为被监护人。监护应当是法律赋予监护人的一项职责。

我国监护人的设定方式有两种，即法定监护和指定监护。

法定监护是指监护人由法律直接规定而设置的监护。根据《民法典》第 23 条的规定，无民事行为能力人、限制民事行为能力人的监护人是其法定代理人。

指定监护是指没有法定监护人，或者对担任监护人有争议的，监护人由被监护人的父母或有关部门指定而设置的监护。我国《民法典》第 29 条规定：“被监护人的父母担任监护人的，可以通过遗嘱指定监护人。”第 31 条规定：“对监护人的确定有争议的，由被监护人住所地的居民委员会、村民委员会或者民政部门指定监护人，有关当事人对指定不服的，可以向人民法院申请指定监护人；有关当事人也可以直接向人民法院申请指定监护人。居民委员会、村民委员会、民政部门或者人民法院应当尊重被监护人的真实意愿，按照最有利于被监护人的原则在依法具有监护资格的人中指定监护人。监护人被指定后，不得擅自变更；擅自变更的，不免除被指定的监护人的责任。”

监护人的职责是代理被监护人实施民事法律行为，保护被监护人的人身权利、财产权利以及其他合法权益等。监护人不履行监护职责或者侵害被监护人合法权益的，应当承担法律责任。监护人应当按照最有利于被监护人的原则履行监护职责。监护人除为维护被监护人利益外，不得处分被监护人的财产。

监护人有下列情形之一的，人民法院根据有关个人或者组织的申请，撤销其监护人资格，安排必要的临时监护措施，并按照最有利于被监护人的原则依法指定监护人：

（1）实施严重损害被监护人身心健康的行为。

（2）怠于履行监护职责，或者无法履行监护职责且拒绝将监护职责部分或者全部委托给他人，导致被监护人处于危困状态。

（3）实施严重侵害被监护人合法权益的其他行为。

依法负担被监护人抚养费、赡养费、扶养费的父母、子女、配偶等，被人民法院撤销监护人资格后，应当继续履行负担的义务。被监护人的父母或者子女被人民法院撤销监护人资格后，除对被监护人实施故意犯罪的外，确有悔改表现的，经其申请，人民法院可以在尊重被监护人真实意愿的前提下，视情况恢复其监护人资格，人民法院指定的监护人与被监护人的监护关系同时终止。

4. 宣告失踪和宣告死亡

宣告失踪是指自然人离开自己的住所，下落不明达到法定期限，经利害关系人申请，由人民法院宣告其为失踪人的法律制度。宣告失踪的目的是为失踪人设立财产代管人，以结束因失踪人失踪而引起的财产关系不确定状态。《民法典》第 40 条规定："自然人下落不明满二年的，利害关系人可以向人民法院申请宣告该自然人为失踪人。"第 41 条规定："自然人下落不明的时间自其失去音讯之日起计算。战争期间下落不明的，下落不明的时间自战争结束之日或者有关机关确定的下落不明之日起计算。"第 45 条规定："失踪人重新出现，经本人或者利害关系人申请，人民法院应当撤销失踪宣告。失踪人重新出现，有权请求财产代管人及时移交有关财产并报告财产代管情况。"

宣告死亡是指自然人离开自己的住所，下落不明达到法定期限，经利害关系人申请，由人民法院通过法定程序而在法律上推定失踪人死亡的法律制度。根据《民法典》第 46 条的规定，自然人有下列情形之一的，利害关系人可以向人民法院申请宣告该自然人死亡：

（1）下落不明满四年；

（2）因意外事件，下落不明满二年。

因意外事件下落不明，经有关机关证明该自然人不可能生存的，申请宣告死亡不受二年时间的限制。

对同一自然人，有的利害关系人申请宣告死亡，有的利害关系人申请宣告失踪，符合《民法典》规定的宣告死亡条件的，人民法院应当宣告死亡。被宣告死亡的人，人民法院宣告死亡的判决作出之日视为其死亡的日期；因意外事件下落不明宣告死亡的，意外事件发生之日视为其死亡的日期。

自然人被宣告死亡但是并未死亡的，不影响该自然人在被宣告死亡期间实施的民事法律行为的效力。被宣告死亡的人重新出现，经本人或者利害关系人申请，人民法院应当撤销死亡宣告。被宣告死亡的人的婚姻关系，自死亡宣告之日起消灭。死亡宣告被撤销的，婚姻关系自撤销死亡宣告之日起自行恢复，但是其配偶再婚或者向婚姻登记机关书面声明不愿意恢复的除外。被宣告死亡的人在被宣告死亡期间，其子女被他人依法收养的，在死亡宣告被撤销后，不得以未经本人同意为由主张收养关系无效。被撤销死亡宣告的人有权请求依照继承法取得其财产的民事主体返还财产；无法返还的，应当给予适当补偿。利害关系人隐瞒真实情况，致使他人被宣告死亡而取得其财产的，除应当返还财产外，还应当对由此造成的损失承担赔偿责任。

（二）法人

法人是相对于自然人而言的，是不同于自然人的另一类民事主体。我国《民法典》第57条规定："法人是具有民事权利能力和民事行为能力，依法独立享有民事权利和承担民事义务的组织。"我国《民法典》将法人分为三类（见图4－2）：一是营利法人，包括有限责任公司、股份有限公司和其他企业法人等；二是非营利法人，包括事业单位、社会团体、基金会、社会服务机构等；三是特别法人，机关法人、农村集体经济组织法人、城镇农村的合作经济组织法人、基层群众性自治组织法人等为特别法人。

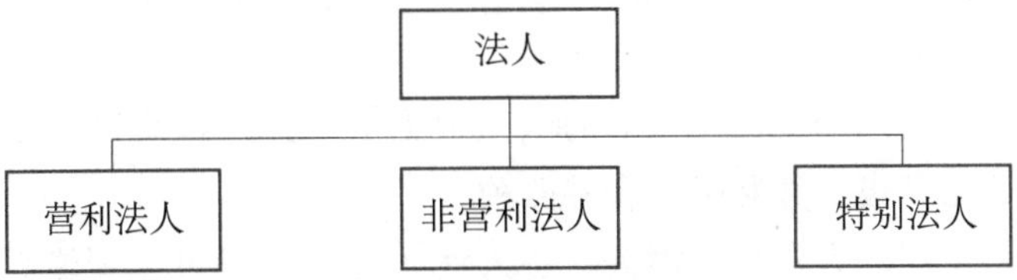

图4－2 法人的分类

1. 法人的民事权利能力

法人和自然人一样，都具有民事权利能力和民事行为能力，但是由于法人不具备自然人的生理特性，因此法人和自然人的民事能力有很大差异。法人的民事权利能力是国家赋予法人参加民事法律关系，取得民事权利和承担民事义务的资格。法人的民事权利能力与自然人的民事权利能力相比，有以下区别：

（1）自然人的民事权利能力自出生时起，至死亡时消灭；法人的民事权利能力则从成立时产生，法人终止时消灭。

（2）专属于自然人或法人的民事权利能力的内容，对方不具备，如自然人的继承、抚养等权利，法人不具备，而法人在自己业务范围内的某些权利，自然人不拥有。

（3）自然人的一般民事权利能力是普遍一致的，法人的民事权利能力因受到自己的章程和国家法律法规的限制而有所区别。

2. 法人的民事行为能力

法人的民事行为能力是国家赋予法人独立进行民事活动的能力和资格。与自然人的民事行为能力相比，法人的民事行为能力具有以下特征：

（1）法人的民事行为能力和民事权利能力一起产生和消灭。

（2）法人的民事行为能力和民事权利能力的内容、范围相同。

3. 法人的成立

法人的成立是指某一社会组织取得法律人格的事实状态，法人的成立意味着法人的民事行为能力和民事权利能力的开始。根据我国《民法典》及相关规定，法人成立应当具备以下条件：

（1）依法成立。主要包括两个方面：一是法人成立必须有法律依据；二是法人成立的程序要合法。

（2）有必要的财产或者经费。包括两个方面：一是要求法人必须有独立的财产；二是要求法人必须具备法律所规定的注册资金的最低限额。

（3）有自己的名称、组织机构和场所。法人以它的主要办事机构所在地为住所。

（4）能够独立承担民事责任。

4. 法人的变更、分立、合并和终止

法人的变更是指法人在其存续期间内发生合并、分立，或者组织形式、宗旨等其他注册登记事项的变化。

法人的分立是指一个法人分成两个或两个以上的法人。法人的分立方式有新设分立和派生分立两种。

法人的合并是指两个或两个以上的法人根据法律规定或合同约定合并为一个法人。法人合并分为新设合并和吸收合并两种。

法人的终止是指法人资格的消灭。法人终止后，其民事权利能力和行为能力丧失，民事主体资格消灭，不能再以原法人的名义从事民事活动。有下列原因之一并依法完成清算、注销登记的，法人终止：

（1）法人解散。

（2）法人被宣告破产。

（3）法律规定的其他原因。

法人终止，法律、行政法规规定须经有关机关批准的，依照其规定。

法人解散的情形包括：

（1）法人章程规定的存续期间届满或者法人章程规定的其他解散事由出现。

（2）法人的权力机构决议解散。

（3）因法人合并或者分立需要解散。

（4）法人依法被吊销营业执照、登记证书，被责令关闭或者被撤销。

（5）法律规定的其他情形。

法人解散的，除合并或者分立的情形外，清算义务人应当及时组成清算组进行清算。法人的董事、理事等执行机构或者决策机构的成员为清算义务人。清算义务人未及时履行清算义务，造成损害的，应当承担民事责任。法人清算后的剩余财产，按照法人章程的规定或者法人权力机构的决议处理。清算结束并完成法人注销登记时，法人终止。

（三）非法人组织

非法人组织是不具有法人资格，但是能够依法以自己的名义从事民事活动的组织。非法人组织包括个人独资企业、合伙企业、不具有法人资格的专业服务机构等。非法人组织应当依照法律的规定登记。设立非法人组织，法律、行政法规规定须经有关机关批准的，依照其规定。非法人组织的财产不足以清偿债务的，其出资人或者设立人承担无限责任。法律另有规定的，依照其规定。非法人组织可以确定一人或者数人代表该组织从事民事活动。

有下列情形之一的，非法人组织解散：

（1）章程规定的存续期间届满或者章程规定的其他解散事由出现。

（2）出资人或者设立人决定解散。

（3）法律规定的其他情形。

非法人组织解散的，应当依法进行清算。

三、民事法律行为和代理

（一）民事法律行为

民事法律行为是民事主体通过意思表示设立、变更、终止民事法律关系的行为。民事法律行为可以基于双方或者多方的意思表示一致成立，也可以基于单方的意思表示成立。法人、非法人组织依照法律或者章程规定的议事方式和表决程序作出决议的，该决议行为成立。民事法律行为可以采用书面形式、口头形式或者其他形式；法律、行政法规规定或者当事人约定采用特定形式的，应当采用特定形式。

民事法律行为的成立要件有三项：当事人，标的（即法律行为的内容），意思表示。根据《民法典》第143条的规定，具备下列条件的民事法律行为有效：

（1）行为人具有相应的民事行为能力；

（2）意思表示真实；

（3）不违反法律、行政法规的强制性规定，不违背公序良俗。

（二）无效和可撤销的民事法律行为

1. 无效的民事法律行为

无效的民事法律行为是指因欠缺法律行为的有效要件，而导致不能产生法律效力的行为。无效的民事法律行为自始无效，但行为部分无效不影响其他部分效力的，其他部分依然有效。根据《民法典》的相关规定，无效的民事法律行为包括：

（1）无民事行为能力人实施的民事法律行为。

（2）限制民事行为能力人依法不能独立实施的民事法律行为。

（3）行为人与相对人以虚假的意思表示实施的民事法律行为。

（4）行为人与相对人恶意串通，损害他人合法权益的民事法律行为。

（5）违反法律、行政法规强制性规定或者违背公序良俗的民事法律行为。

2. 可撤销的民事法律行为

可撤销的民事法律行为是指当事人意思表示存在着瑕疵，法律赋予当事人以变更权和撤销权的行为。可撤销的民事法律行为一旦被撤销也是自始无效。

根据《民法典》的相关规定，下列民事法律行为，一方有权请求人民法院或者仲裁机关予以撤销：

（1）基于重大误解实施的民事法律行为。

（2）一方以欺诈手段，使对方在违背真实意思的情况下实施的民事法律行为。

（3）第三人实施欺诈行为，使一方在违背真实意思的情况下实施的民事法律行为。

（4）一方或者第三人以胁迫手段，使对方在违背真实意思的情况下实施的民事法律行为。

（5）一方利用对方处于危困状态、缺乏判断能力等情形，致使民事法律行为成立时显失公平的。

根据《民法典》第152条的规定，有下列情形之一的，撤销权消灭：

（1）当事人自知道或者应当知道撤销事由之日起一年内、重大误解的当事人自知道或者应当知道撤销事由之日起九十日内没有行使撤销权；

（2）当事人受胁迫，自胁迫行为终止之日起一年内没有行使撤销权；

（3）当事人知道撤销事由后明确表示或者以自己的行为表明放弃撤销权。

当事人自民事法律行为发生之日起五年内没有行使撤销权的，撤销权消灭。

（三）附条件和附期限的民事法律行为

附条件的民事法律行为，是指以当事人约定的条件成就与否作为其效力的产生和消灭的民事法律行为。附条件的民事法律行为，当事人为自己的利益不正当地阻止条件成就的，视为条件已成就；不正当地促成条件成就的，视为条件不成就。

附期限的民事法律行为，是指以一定的期限的到来作为其效力的产生和消灭的民事法律行为。民事法律行为可以附期限，但是按照其性质不得附期限的除外。附生效期限的民事法律行为，自期限届至时生效。附终止期限的民事法律行为，自期限届满时失效。

（四）代理

法律上所称的代理是指一人以另一人的名义实施法律行为，其行为所产生的法律效果直接归属于另一人的法律制度。代他人实施法律行为的人，称为代理人；承受代理人法律行为效果的人，称为本人或被代理人；与代理人实施民事法律行为的人，称为相对人。

我国的代理制度包括三种代理形式：法定代理、指定代理与委托代理。其中，委托代理是最常见的、适用最广泛的一种代理形式。

四、民事责任

（一）民事责任的概念和特征

民事责任是指民事主体因违反合同或者有过错造成国家的、集体的、他人的合法权益受损，依法承担的民事法律后果。它是民法上保护民事权利的重要措施。民法保护自然人、法人、非法人组织的民事权利主要是通过两个方面实现的，一方面赋予民事主体各项合法权利，另一方面则使侵害他人权利的人承担民事责任，因此民事责任是民法的重要组成部分。二人以上依法承担按份责任，能够确定责任大小的，各自承担相应的责任；难以确定责任大小的，平均承担责任。二人以上依法承担连带责任的，权利人有权请求部分或者全部连带责任人承担责任。连带责任人的责任份额根据各自责任大小确定；难以确定责任大小的，平均承担责任。实际承担责任超过自己责任份额的连带责任人，有权向其他连带责任人追偿。

民事责任的法律特征有：

（1）民事责任是自然人、法人、非法人组织违反民事义务所应承担的责任，它是以民事义务为基础的。

（2）民事责任具有强制性。

（3）民事责任主要是财产责任，辅之以赔礼道歉、消除影响等措施。

民事主体因同一行为应当承担民事责任、行政责任和刑事责任的，承担行政责任或者刑事责任不影响承担民事责任；民事主体的财产不足以支付的，优先用于承担民事责任。

（二）民事责任的构成要件

民事责任的构成要件包括：

（1）有损害事实的发生。损害是指违反民事义务，侵犯他人合法权益的行为的后果，即行为人对民法所保护的民事法律关系或民法所保护的合法权益的正常状态的破坏或加以不利影响的行为后果。损害可分为财产损害和精神损害、实际损失和预期利益损失等。

（2）民事违法行为的存在，即行为人的行为具有违法性，包括违反合同或者有过错等。

（3）损害事实和违法行为之间存在因果关系。

（4）行为人有过错，包括故意和过失。在某些情况下无过错同样也构成民事责任。

免除民事责任的条件，是指依照法律的规定，当事人对于不履行合同或者造成其他损害不承担民事责任。主要有以下几种：

（1）不可抗力和意外事故。

（2）受害人本身的故意或过失。

（3）正当防卫和紧急避险。

（4）第三人过错，应追究第三人的责任。

（三）民事责任的归责原则

我国民事责任主要有三类归责原则：过错责任原则、无过错责任原则和公平责任原则。过错责任原则是以行为人主观上的过错及过错大小作为承担民事责任的基本条件的原则。按过错责任归属何方主体的情况不同，可分为三种具体类型：（1）侵害人过错责任；（2）受害人过错责任；（3）侵害人、受害人双方过错责任。如果受害人本人对所受损害也有过错的，则可减轻侵害人的责任。

无过错责任类型，又称严格责任类型。只要行为人作出特定侵权行为或违约行为而造成损害结果，不论其主观有无过错，即使无过错，仍应当依法承担法律责任。这种责任类型适用于产品责任、某些特殊侵权责任和合同违约责任。这种责任类型适用以法律的明文规定为前提。

公平责任类型，又称衡平责任类型。凡是当事人对发生的损害都没有过错，也没有作出违法行为，但受害人要求有关当事人承担民事责任的，法院可以根据实际情况，按照公平合理原则由当事人分担民事责任。《民法典》第183条规定的“因保护他人民事权益使自己受到损害的，由侵权人承担民事责任，受益人可以给予适当补偿。没有侵权人、侵权人逃逸或者无力承担民事责任，受害人请求补偿的，受益人应当给予适当补偿”，可以视为是适用公平责任的一种情形，但是公平责任不适用于精神损害赔偿的案件。

案例故事

三名未成年人应冯某（成年人）邀请喝酒后，在河边散步时，提议散步的人（文某，未成年人）不慎摔跤坠入河中溺亡，应该由谁承担责任？法院经审理认为，文某虽系未成年人，但其对自身安全及自我保护已具备一定的认知能力，不慎溺水而亡，其对这一损害后果存在一定过错，应承担主要的过错责任。而邀请者冯某作为成年人，在明知文某、张某、谢某是未成年人的情况下，仍邀请三人一起饮酒，并在饮酒后，未将三人安全护送回家，存在一定过错，应当承担相应的赔偿责任，结合冯某的过错确定其承担约15%（18万元）的责任。

此外，某烧烤吧长时间容留文某等未成年人饮酒，存在过错，应当承担相应的赔偿责任，酌定某烧烤吧及其经营者承担约7%（8万元）的责任；一起散步的张某、谢某的父母对自己未成年的孩子没有尽到监护职责，应适当赔偿，酌定赔偿数额分别为2万元。

（四）民事责任形式

民事责任形式是违反民事义务人承担民事责任的方式。按照《民法典》第 179 条的规定，承担民事责任的方式主要有：

（1）停止侵害。这是适用于各种侵权行为的一种基本的侵权民事责任形式，是防止扩大侵害后果的有效措施。

（2）排除妨碍。违法行为人的行为使受害人无法行使或不能正常行使自己的财产权利、人身权利的，受害人有权要求排除妨碍，这种诉讼不受时效限制。

（3）消除危险。消除危险是指消除对国家、集体财产或者他人人身、财产确有造成损害或再次造成损害的危险来源。这是保护公共财产和自然人人身、财产安全的重要方法。

（4）返还财产。返还财产适用于对财产权利的保护，是侵害财产权益承担的民事责任方式。返还财产主要指三种情况：一是返还不当得利；二是返还按照民事行为已作的给付；三是侵占国家的或集体的财产，或他人的财产的，应该返还财产。

（5）恢复原状。恢复原状是指恢复权利被侵犯前的状态。恢复原状应具备两个条件：一是有修复的可能；二是有修复的必要。

（6）修理、重作、更换。这主要是违反合同应承担的民事责任，是违反合同后所采取的补救措施。

（7）继续履行。这是在违约方不履行合同时，由法院强制违约方继续履行合同的法律责任方式。

（8）赔偿损失。这是最常见的、最基本的民事责任形式，适用于各种违反民事义务的场合。

（9）支付违约金。这是违反合同所承担的民事责任方式，它只适用于合同当事人有违约金的约定或者法律规定违反合同应支付违约金的场合。

（10）消除影响、恢复名誉。这主要是侵害自然人或法人、非法人组织的人身权所承担的民事责任方式。

（11）赔礼道歉。这是指责令违法行为人向受害人公开认错。

法律规定惩罚性赔偿的，依照其规定。我国《民法典》规定的承担民事责任的方式，可以单独适用，也可以合并适用。

（五）侵权的民事责任

1. 产品缺陷致人损害责任

《民法典》第 1203 条规定：“因产品存在缺陷造成他人损害的，被侵权人可以向产品的生产者请求赔偿，也可以向产品的销售者请求赔偿。”

《民法典》第 1205 条和第 1206 条规定：“因产品缺陷危及他人人身、财产安全的，被侵权人有权请求生产者、销售者承担停止侵害、排除妨碍、消除危险等侵权责任。”“产品投入流通后发现存在缺陷的，生产者、销售者应当及时采取停止销售、警示、召回等补救措施；未及时采取补救措施或者补救措施不力造成损害扩大的，对扩大的损害也应当承担侵权责任。”

《民法典》第 1207 条规定：“明知产品存在缺陷仍然生产、销售，或者没有依据前条规定采取有效补救措施，造成他人死亡或者健康严重损害的，被侵权人有权请求相应的惩罚性赔偿。”

2. 机动车交通事故责任

《民法典》第 1208 条规定：“机动车发生交通事故造成损害的，依照道路交通安全法律和本法的有关规定承担赔偿责任。”

因租赁、借用等情形机动车所有人、管理人与使用人不是同一人时，发生交通事故造成损害，属于该机动车一方责任的，由机动车使用人承担赔偿责任；机动车所有人、管理人对损害的发生有过错的，承担相应的赔偿责任。当事人之间已经以买卖或者其他方式转让并交付机动车但是未办理登记，发生交通事故造成损害，属于该机动车一方责任的，由受让人承担赔偿责任。盗窃、抢劫或者抢夺的机动车发生交通事故造成损害的，由盗窃人、抢劫人或者抢夺人承担赔偿责任。盗窃人、抢劫人或者抢夺人与机动车使用人不是同一人，发生交通事故造成损害，属于该机动车一方责任的，由盗窃人、抢劫人或者抢夺人与机动车使用人承担连带责任。保险人在机动车强制保险责任限额范围内垫付抢救费用的，有权向交通事故责任人追偿。

机动车不明、该机动车未参加强制保险或者抢救费用超过机动车强制保险责任限额，需要支付被侵权人人身伤亡的抢救、丧葬等费用的，由道路交通事故社会救助基金垫付。道路交通事故社会救助基金垫付后，其管理机构有权向交通事故责任人追偿。

3. 医疗损害责任

在医疗机构违反法律、行政法规、规章以及其他有关诊疗规范的规定，隐匿或者拒绝提供与纠纷有关的病历资料，遗失、伪造、篡改或者违法销毁病历资料等情形下，推定其有过错。但是在患者或其近亲属不配合诊疗、医务人员在抢救生命垂危的患者等紧急情况下已经尽到合理诊疗义务、限于当时的医疗水平难以诊疗的情形下，医疗机构不承担责任。

医务人员在实施手术、特殊检查、特殊治疗时，未及时向患者说明医疗风险、替代医疗方案等情况，未取得书面同意，造成患者损害的，应承担赔偿责任。但是因抢救生命垂危的患者等紧急情况，不能取得患者或者其近亲属意见的，经负责人批准，可以实施相应的医疗措施。

《民法典》第 1223 条规定：“因药品、消毒产品、医疗器械的缺陷，或者输入不合格的血液造成患者损害的，患者可以向药品上市许可持有人、生产者、血液提供机构请求赔偿，也可以向医疗机构请求赔偿。患者向医疗机构请求赔偿的，医疗机构赔偿后，有权向负有责任的药品上市许可持有人、生产者、血液提供机构追偿。”

《民法典》第 1227 条规定：“医疗机构及其医务人员不得违反诊疗规范实施不必要的检查。”

4. 环境污染责任

《民法典》第 1229 条规定："因污染环境、破坏生态造成他人损害的，侵权人应当承担侵权责任。"

因污染环境、破坏生态发生纠纷，行为人应当就法律规定的不承担责任或者减轻责任的情形及其行为与损害之间不存在因果关系承担举证责任。两个以上侵权人污染环境、破坏生态的，侵权人承担责任的大小，根据污染物的种类、浓度、排放量，破坏生态的方式、范围、程度，以及行为对损害后果所引起的作用等因素确定。

因第三人的过错污染环境、破坏生态的，被侵权人可以向侵权人请求赔偿，也可以向第三人请求赔偿。侵权人赔偿后，有权向第三人追偿。

5. 高度危险责任

《民法典》第 1236 条规定："从事高度危险作业造成他人损害的，应当承担侵权责任。"

《民法典》侵权责任编对民用核设施、民用航空器，占有或使用易燃、易爆、剧毒、放射性等高度危险物，从事高空、高压、地下挖掘活动或者使用高速轨道运输工具致人损害的责任承担方式进行了规定，上述情形，除法律明确规定免责之外，侵权人均应承担责任。

值得注意的是，遗失、抛弃高度危险物造成他人损害的，由所有人承担侵权责任。所有人将高度危险物交由他人管理的，由管理人承担侵权责任；所有人有过错的，与管理人承担连带责任。非法占有高度危险物造成他人损害的，由非法占有人承担侵权责任。所有人、管理人不能证明对防止非法占有尽到高度注意义务的，与非法占有人承担连带责任。上述规定，对所有人提出了较高的注意义务。

未经许可进入高度危险活动区域或者高度危险物存放区域受到损害，管理人能够证明已经采取足够安全措施并尽到充分警示义务的，可以减轻或者不承担责任。

6. 饲养动物损害责任

《民法典》侵权责任编规定，饲养的动物造成他人损害的，动物饲养人或者管理人应当承担侵权责任；但是，能够证明损害是因被侵权人故意或者重大过失造成的，可以不承担或者减轻责任。违反管理规定，未对动物采取安全措施造成他人损害的，动物饲养人或者管理人应当承担侵权责任；但是，能够证明损害是因被侵权人故意造成的，可以减轻责任。禁止饲养的烈性犬等危险动物造成他人损害的，动物饲养人或者管理人应当承担侵权责任。法律同时还规定，遗弃、逃逸的动物在遗弃、逃逸期间造成他人损害的，由动物原饲养人或者管理人承担侵权责任。

案例故事

宠物咬伤人，宠物主人承担责任

方某晚上牵狗在小区散步，狗突然挣脱绳索，奔向正在玩耍的小孩童某（3

岁），并咬伤童某。当时童某的父亲在不远处正在用手机给朋友打电话。童某的父亲有没有责任？

童某的父亲没有责任，狗的主人方某应当负全部责任。一方面，狗的主人有义务管理好自己的宠物，如果是不允许养的烈性犬，如藏獒之类的，不管什么情况下，狗的主人都要负全责；另一方面，童某的父亲打电话的行为与童某被咬伤没有太大关系，不构成重大过失。

7. 建筑物和物件损害责任

《民法典》第 1252 条规定："建筑物、构筑物或者其他设施倒塌、塌陷造成他人损害的，由建设单位与施工单位承担连带责任，但是建设单位与施工单位能够证明不存在质量缺陷的除外。建设单位、施工单位赔偿后，有其他责任人的，有权向其他责任人追偿。因所有人、管理人、使用人或者第三人的原因，建筑物、构筑物或者其他设施倒塌、塌陷造成他人损害的，由所有人、管理人、使用人或者第三人承担侵权责任。"

《民法典》第 1253 条规定："建筑物、构筑物或者其他设施及其搁置物、悬挂物发生脱落、坠落造成他人损害，所有人、管理人或者使用人不能证明自己没有过错的，应当承担侵权责任。所有人、管理人或者使用人赔偿后，有其他责任人的，有权向其他责任人追偿。"

《民法典》第 1254 条第 1 款和第 2 款规定："禁止从建筑物中抛掷物品。从建筑物中抛掷物品或者从建筑物上坠落的物品造成他人损害的，由侵权人依法承担侵权责任；经调查难以确定具体侵权人的，除能够证明自己不是侵权人的外，由可能加害的建筑物使用人给予补偿。可能加害的建筑物使用人补偿后，有权向侵权人追偿。物业服务企业等建筑物管理人应当采取必要的安全保障措施防止前款规定情形的发生；未采取必要的安全保障措施的，应当依法承担未履行安全保障义务的侵权责任。"

五、诉讼时效

《民法典》第 188 条规定："向人民法院请求保护民事权利的诉讼时效期间为三年。法律另有规定的，依照其规定。诉讼时效期间自权利人知道或者应当知道权利受到损害以及义务人之日起计算。法律另有规定的，依照其规定。但是，自权利受到损害之日起超过二十年的，人民法院不予保护，有特殊情况的，人民法院可以根据权利人的申请决定延长。"

当事人约定同一债务分期履行的，诉讼时效期间自最后一期履行期限届满之日起计算。无民事行为能力人或者限制民事行为能力人对其法定代理人的请求权的诉讼时效期间，自该法定代理终止之日起计算。未成年人遭受性侵害的损害赔偿请求权的诉讼时效期间，自受害人年满十八周岁之日起计算。

诉讼时效期间届满的，义务人可以提出不履行义务的抗辩。诉讼时效期间届满后，义务人同意履行的，不得以诉讼时效期间届满为由抗辩；义务人已经自愿履行的，不得请求返还。人民法院不得主动适用诉讼时效的规定。

《民法典》第 194 条规定，在诉讼时效期间的最后六个月内，因下列障碍，不能行使请求权的，诉讼时效中止：

（1）不可抗力。

（2）无民事行为能力人或者限制民事行为能力人没有法定代理人，或者法定代理人死亡、丧失民事行为能力、丧失代理权。

（3）继承开始后未确定继承人或者遗产管理人。

（4）权利人被义务人或者其他人控制。

（5）其他导致权利人不能行使请求权的障碍。

自中止时效的原因消除之日起满六个月，诉讼时效期间届满。

《民法典》第 195 条规定，有下列情形之一的，诉讼时效中断，从中断、有关程序终结时起，诉讼时效期间重新计算：

（1）权利人向义务人提出履行请求。

（2）义务人同意履行义务。

（3）权利人提起诉讼或者申请仲裁。

（4）与提起诉讼或者申请仲裁具有同等效力的其他情形。

《民法典》第 196 条也对不适用诉讼时效的事项作出了规定：

（1）请求停止侵害、排除妨碍、消除危险。

（2）不动产物权和登记的动产物权的权利人请求返还财产。

（3）请求支付抚养费、赡养费或者扶养费。

（4）依法不适用诉讼时效的其他请求权。

案例故事

五月花餐厅案

李某、龚某夫妇（原告）携儿子去五月花餐厅（被告）就餐，由于隔壁包房发生爆炸，导致墙壁被炸倒，造成李某残疾、其子死亡的惨剧。爆炸的原因是隔壁包房顾客将他人装在酒盒里伪装成酒的爆炸物带到五月花餐厅的包房里（该餐厅允许顾客自带酒水），服务员在为顾客开启酒盒时发生爆炸。事后，原告以被告五月花餐厅违反《消费者权益保护法》为由，请求法院判令被告承担全部损害赔偿费 403 万元。最终广东省高级人民法院引用“民法的公平原则”，判决五月花餐厅补偿原告 30 万元。法院认为：五月花餐厅已履行了合理的谨慎注意义务。虽然餐厅在爆炸事件中也遭受严重损失，但原告一家无过错受害，受到的肉体、精神以及经济上的损失更大。为平衡当事人的损害结果，贯彻民法的公平原则，故作出如上判决。

第二节 物 权

一、物权的概念和特征

物权是权利人依法对特定的物享有直接支配和排他的权利，包括所有权、用益物权和担保物权。

物权的主要特征有：

（1）直接支配性。物权人依自己的意思，无须他人的意思或行为之介入，即可行使自己的权利。

（2）保护之绝对性。物权人于其标的物之支配领域内，非经其同意，任何人均不得侵入或干涉，否则即构成违法。因此，物权属于要求世间一切人对其标的物之支配状态予以尊重的权利，一切人均负有不得侵害该直接支配状态的义务，物权人可以对任何人主张其权利。

（3）物权的标的是物。物权的标的在范围上是十分广泛的，但它们有个共同特点，即必须是特定化了的物。

二、物权的效力

（一）物权的排他效力

物权的排他效力是指于同一标的物上，依法律行为成立一物权时，不容许于该标的物上，再成立与之有同一内容的物权。比如同一标的物上，不得同时并立两个所有权。

（二）物权的优先效力

物权的优先效力是指同一标的物上有两个或两个以上不同内容或性质的物权存在，或者该物权的标的物也为债权给付的标的物时，成立在先的物权有优先于成立在后的物权的效力，物权有优先于债权的效力。但有物权优先于债权之例外：买卖不破租赁；基于公益或社会政策的理由，法律规定某些物权不得有优先次序，如土地增值税征收、优先于设定在先的抵押权等。

（三）物权的追及效力

物权的追及效力是指物权成立后，其标的物不论辗转于何人之手，物权的权利人均得追及物之所在，请求其返还原物。

三、所有权

所有权是指所有人在法律范围内，对所有物享有的独占的支配权。所有权是最完备的物权。财产所有权是指所有人依法对自己的财产享有占有、使用、收益和处分的权利。占有权能，是指特定的所有权人对于标的物实际控制的事实；使用权能，是指依所有物的性能或用途，对财产进行有效的利用，以获取经济上的利益或满足生活的需要；收益权能，是指收取所有物之天然孳息和法定孳息的权能；处分权能，是指依法对物进行处置，从而决定物的命运的权能。其中，处分权能是所有权内容之核心，是所有权最基本的权能。

所有权可分为不动产所有权与动产所有权。不动产所有权包括土地所有权、建筑物所有权和不动产相邻关系。动产所有权的转移从财产交付时起转移，法律另有规定或者当事人另有约定的除外。不动产所有权的转移则按法律有关程序办理。

四、其他物权

其他物权是指根据法律规定和当事人的约定，非所有权人对他人的财产所享有的占有、使用、收益的权利。常见的其他物权有：用益物权、担保物权、承包经营权、采矿权等。

案例故事

重庆最牛钉子户

在重庆市鹤兴路片区的拆迁项目中，被拆迁户杨某与吴某夫妇和开发商就拆迁补偿未能达成一致，而后拒绝了房管局的调解，随即升级到拒绝在法院的强制拆迁通知书上签字，并认为开发商、房管局等都违背宪法以及相关的法律，侵犯了私人财产。杨某与吴某夫妇坚持住在停水停电的孤楼内与开发商对峙多日，最后在法院和政府的调解下，接受了异地实物安置方案。由于该案处在《物权法》刚通过的宏观背景下，“重庆最牛钉子户”一时间成为全国媒体关注的焦点。

第三节 债 权

一、债权的概念和特征

（一）债权的概念

债是指特定当事人之间以一定给付为内容的民事法律关系。债权是指因合同、侵权行为、无因管理、不当得利以及法律的其他规定，权利人请求特定义务人为或者不为一定行为的权利。

（二）债权的特征

债权的法律特征主要有：

（1）债权是一种财产权，与所有权一样，都是指向物质利益，与民法上的人身权相对应。

（2）债权是一种请求权，其实现需要债务人的协助，而所有权则不同，所有权的实现是直接的，不需要其他人的协助。

（3）债权是一种相对权，与所有权不同，所有权是一种绝对权，其义务人是不特定多数的，而债权人只能对特定的债务人主张权利，也只有该债务人才负有履行的义务。

（4）债权具有相容性和平等性，一个标的上可以同时存在多个债权，而且这些债权不论其成立的先后，都具有平等受偿的效力。

案例故事

夏威夷椰子伤害案

著名旅游胜地夏威夷地处太平洋中部，岛上椰树很繁茂。20 世纪 60 年代，一位游客在海滩上晒太阳时，一只椰子从树上落下，砸中这名游客导致其死亡。死者的弟弟是精通民事诉讼的律师，他将夏威夷州政府告上法庭，要求 1 亿美元的巨额赔偿。州政府辩称，椰子砸死人属于不可抗力事件，而且他们在椰树下设置了警示牌，告知游客落下的椰子有伤人的危险，所以他们不应承担责任。但死者的弟弟诉称，州政府在椰树下设置警示牌恰好说明了椰子伤人是可以预见，在实际中也是可以防范的，因此不属于不可抗力，所以州政府应当承担赔偿责任。官司拉锯战进行数年，最终法院判决夏威夷州政府赔偿原告 1 000 万美元，并允许原告在岛上风景优美的地方建别墅一栋。之后，夏威夷州政府为避免发生同类事件，每年定期派人摘取树上的椰子。

二、债的履行

债的履行是指债务人按照合同的约定或者依照法律的规定，全面地、适当地按时完成自己所负义务的行为。债的履行包括以下内容：

（1）履行主体，即债权人和债务人。应注意的是，债务的保证人和担保人也是债的履行主体。

（2）履行标的，即债务人应履行的内容，如交付财物、移转权利、提供劳务等。履行债务必须依当事人的约定进行。在仅为部分履行或不以原定给付履行，或因履行而负新债务，不发生清偿使债消灭的效力。

（3）履行地点，即债务人履行行为的地点。

（4）履行期限。债的履行期限可以由当事人约定，没有约定的，按照法律规定的期限履行。如果没有约定也没有法律规定的，可以由双方当事人事后协议补充。如按上述规则仍不能确定履行期限的，应按照《民法典》第 511 条第 4 项的规定，履行期限不明确的，债务人可以随时履行，债权人也可以随时请求履行，但是应给对方必要的准备时间。另外应注意的是，《民法典》第 530 条规定，债权人可以拒绝债务人提前履行债务，但是提前履行不损害债权人利益的除外。

（5）履行方式，即完成债务的方法，如标的物交付方法、价款的支付方法等。当事人对履行方式有约定时，依其约定；无约定时，按照有利于实现合同目的的方式履行。

三、债的担保

我国债的担保主要有以下五种：

（1）保证。保证是指债务人以外的第三人担保债务人履行债的制度。

（2）抵押。抵押是指债务人或者第三人不转移财产的占有，将该财产作为债权的担保。

（3）质押。质押是指债务人或者第三人将其动产或者权利凭证移交债权人占有，将该动产或权利凭证作为债权的担保。

（4）定金。定金是指合同当事人约定的，为确保合同的履行，由一方当事人在法律规定的范围内预先向对方交付的一定的款项。

（5）留置。债权人按照合同的约定占有对方（债务人）的财产（动产），当债务人不按照合同给付款项超过约定期限时，占有财产的债权人有权留置该财产。

四、债的消灭

债的消灭是指债的当事人双方之间的权利义务关系已不复存在。债的消灭主要基于以下原因：

（1）清偿，即当事人实现债权目的的行为。

（2）抵消，即两人互负债务时，各以其债权充当债务之清偿。

（3）提存，即债权人无正当理由拒绝接受履行或其下落不明，或数人就同一债权主张权利，债权人一时无法确定，致使债务人难以履行债务，经公证机关证明或法院裁决，债务人可将履行的标的物提交有关部门保存。

（4）免除，即债权人抛弃债权，从而全部或部分终止合同关系的单方行为。

（5）混同，即债权和债务同归一人，致使合同关系消灭。

五、合同

（一）合同概述

合同又称契约，是债的主要发生根据之一。《民法典》第464条规定："合同是民事主体之间设立、变更、终止民事法律关系的协议。婚姻、收养、监护等有关身份关系的协议，适用有关该身份关系的法律规定；没有规定的，可以根据其性质参照适用本编规定。"由此可见，我国《民法典》合同编调整的是债权合同，不包括身份合同等其他民事合同，我们所称的合同，也只是债权合同的简称。

我国《民法典》规定的合同类型有：

（1）转移财产权利的合同，包括买卖合同，供用电、水、气、热力合同，赠与合同，借款合同，租赁合同，融资租赁合同，保证合同，保理合同。

（2）完成一定任务的合同，包括承揽合同、建设工程合同。

（3）提供劳务的合同，包括运输合同、保管合同、仓储合同、委托合同、行纪合同、物业服务合同、中介合同、合伙合同。

（4）技术合同，包括技术开发合同、技术转让合同、技术许可合同、技术咨询合同和技术服务合同。

（二）合同的订立

合同的订立分为要约、承诺两个阶段。

1. 要约

要约是希望和他人订立合同的意思表示。该意思表示应当符合下列规定：内容具体确定；表明经受要约人承诺，要约人即受该意思表示约束。

希望他人向自己发出要约的意思表示，则是要约邀请。例如，寄送的价目表、拍卖公告、招标公告、招股说明书、商业广告和宣传等为要约邀请。但是，商业广告和宣传的内容符合要约条件的，构成要约。

要约到达受要约人时生效。

要约可以撤回，也可以撤销。撤回要约的通知应当在要约到达受要约人之前或者与要约同时到达受要约人；撤销要约的通知应当在受要约人发出承诺通知之前到达受要约人。

有下列情形之一的，要约不得撤销：(1) 要约人以确定承诺期限或者其他形式明示要约不可撤销；(2) 受要约人有理由认为要约是不可撤销的，并已经为履行合同做了合理准备工作。

2. 承诺

承诺是受要约人同意要约的意思表示。承诺应当在要约确定的期限内到达要约人。要约没有确定承诺期限的，承诺应当依照下列规定到达：要约以对话方式作出的，应当即时作出承诺；要约以非对话方式作出的，承诺应当在合理期限内到达。

承诺通知到达要约人时生效。

承诺可以撤回。撤回承诺的通知应当在承诺通知到达要约人之前或者与承诺通知同时到达要约人。

(三) 合同的内容

根据《民法典》第 470 条的规定，合同的内容由当事人约定，一般包括下列条款：

(1) 当事人的姓名或者名称和住所。

(2) 标的。

(3) 数量。

(4) 质量。

(5) 价款或者报酬。

(6) 履行期限、地点和方式。

(7) 违约责任。

(8) 解决争议的方法。

合同的条款由当事人约定，当事人如没有约定或约定不明确，对如何履行合同发生争议，且又不能达成补充协议的，依《民法典》第 511 条的规定处理。

(四) 格式合同的特别规定

格式合同是指当事人一方为了重复使用而预先拟订的，并在订立合同时未与对方协商的合同。格式合同是商业经营专业化的必然产物，在现实生活中的适用范围越来越广泛，如车票、保险单、手机入网协议等其实都是格式合同。但是由于当事人在拟订合同条款时，未与对方协商，剥夺了对方当事人决定合同内容的权利，因此，为了使格式合同的运用更加合理，使当事人双方的权利和义务平衡协调，国家设计了一套规则来规范格式合同的使用。

（1）要求格式合同订立方应当遵循公平原则，确定当事人之间的权利和义务。这实际上是对格式合同订立方的一种提醒，提醒其在拟订格式合同时应当注意的事项。

（2）强行规定决定格式条款的当事人必须履行两项义务：提示和说明的义务。这是指在订立合同时，格式合同的拟订方应当采用合理的方式提请对方当事人注意格式合同上的免责条款和限制责任的条款，因为这些免责和限制责任的条款往往包含着损害对方利益的内容，法律强制规定提示和说明义务，提请对方注意这些条款。

（3）直接规定某些条款无效。如受欺诈、胁迫、乘人之危订立的，恶意串通，损害国家、集体或者第三人利益的，以合法形式掩盖非法目的的；违反社会公共利益的，违反法律、行政法规的强制性规定的，免除故意或者重大过失财产责任的；免除人身伤害责任的。

（4）对格式条款的理解发生争议的，应当作出不利于提供格式条款的一方当事人的解释。格式条款与非格式条款不一致的，应当采用非格式条款。这一规定体现了保护弱者利益的原则。

（五）合同的责任

合同的责任分为缔约过失责任和违约责任。违约责任的承担方式有：

（1）如果违约方有履行能力，受损害方可以请求人民法院或者仲裁机构强制违约方继续履行合同。

（2）采取违约补救措施，如修理、更换、重作等方法实现合同权利。

（3）赔偿损失，受损害方可以要求违约方对自己的可得利益损失进行赔偿。

（4）违约金，有一般违约金和延迟履行违约金两种。一般违约金交付后不需要再履行合同，但延迟履行违约金交付后还要继续履行合同。

案例故事

一房两卖案

王先生在广州市某区买了一套二手房，向房主李某交付了首期款，并重新进行了装修，但入住后一个月，另一个买家陈某拿着房产证要求其搬家，理由是原房主李某已将房子卖给了他，房产所有权已由原房主转移至他的名下。王先生因此起诉了卖家李某，要求确认房屋归其所有。法院认为：两份购房合同都有效，但根据我国相关法律规定，买房者只有办理完成房屋过户登记手续，房屋所有权才发生转移，过户登记的时间即为所有权转移的时间。未办理过户登记的，即使房屋已实际交付使用，也不认为房屋所有权发生了转移。所以王先生不能取得该房屋的所有权，只能向原房主追究违约责任。

第四节　人身权

一、人身权的概念

人身权是指因特定的人格和身份关系所引起的民事主体享有的具有人身属性而没有直接财产内容的民事权利。人身权分为人格权和身份权两大部分。人格权是以权利人的人格利益为客体的权利；身份权是基于主体特定身份而以主体身份上的利益为客体的权利。

二、人格权

我国《民法典》规定了主体所享有的各项具体人格权，包括：

（1）生命权、身体权和健康权。

（2）姓名权和名称权。

（3）肖像权。

（4）名誉权和荣誉权。

（5）隐私权和个人信息保护。

（6）婚姻自主权。

禁止性骚扰是我国《民法典》人格权编的一大亮点，细化了《中华人民共和国妇女权益保障法》的规定。《民法典》第 1010 条规定：违背他人意愿，以言语、文字、图像、肢体行为等方式对他人实施性骚扰的，受害人有权依法请求行为人承担民事责任。机关、企业、学校等单位应当采取合理的预防、受理投诉、调查处置等措施，防止和制止利用职权、从属关系等实施性骚扰。

案例故事

“赵 C”姓名权案

江西鹰潭有对夫妇在 1986 年生了个儿子，父亲老赵别出心裁给儿子小赵取名“赵 C”。老赵给的解释是希望儿子能学好英语，所以决定在名字上做点英语文章，同时“C”是“China”的第一个字母，又与“西”谐音，希望儿子长大后能到西方国家留学并学有所成，同时又不忘自己是中国人。另外，以“C”开头的单词最多，有人丁兴旺之意。老赵用这个名字为小赵进行了户籍登记。小赵 2005 年成功申请了第一代身份证。2006 年 8 月，小赵换发第二代身份证时被告知名字中不能有字母，被拒绝登记。赵 C 认为公安部门侵犯了自己的姓名决定权，决定提起诉讼。在法院的反复协调下，双方最后达成和解协议：赵 C 用规范汉字更改名字，鹰潭市月湖区公安分局免费为赵 C 办理更名手续。

三、身份权

身份权是人身权的重要组成部分，但并非人人都享有。身份权主要包括知识产权中的人身权，以及监护权、亲属权等。

第五节 知识产权

一、知识产权的概念和特征

知识产权是民事主体对其创造性的智力劳动成果依法享有的专有权利。

知识产权可分为六种，即著作权、专利权、商标权、发明权、发现权和其他科技成果权。知识产权具有以下特征：

（1）知识产权的客体具有无形性。知识产权作为人类脑力劳动创造的非物质财富，没有形体，不占空间，但知识产权必须通过一定的客观形式表现出来，从而为人们所了解和利用，给社会带来巨大的效益。

（2）知识产权的内容具有人身权和财产权的双重属性。在知识产权领域，除商标权不直接涉及人身权的内容外，其他各种权利均包括人身权和财产权的双重内容。

（3）知识产权具有专有性。知识产权是一种绝对权，具有专有性和排他性，即除权利人同意外，权利人以外的第三人不得享有或使用该权利。

（4）知识产权具有地域性。任何一个国家的法律所确认和保护的知识产权，除该国与他国签订双边条约或该国参加国际公约外，只在该国领域内发生法律效力。

（5）知识产权具有时间性。知识产权有严格的时间限制，有效期届满后，除依法展期外，权利人的权利便自动终止。丧失效力的知识产权，其智力成果就进入公有领域，成为全人类共有的财富，任何人都可以自由地无偿使用，不发生侵权问题。

二、商标权

商标权是指商标注册人依法对其注册商标所享有的权利。其内容主要包括以下方面：

（1）专有权，是指商标注册人对其注册商标所享有的独占性使用的权利。

（2）禁止权，是指商标注册人所享有的禁止他人擅自使用容易与其注册商标相混淆的商标的权利。

（3）转让权，是指商标注册人所享有的将其商标所有权转让给他人的权利。

（4）许可使用权，是指商标注册人享有的以一定的方式或条件许可他人使用其商标的权利。

三、专利权

专利权，即专利权人对特定的发明创造依法享有的在一定时间内的独占权。新颖性、创造性、实用性是我们通常所说的“专利三性”。

根据我国专利法的规定，专利权的客体包括发明、实用新型和外观设计。

四、著作权

（一）著作权的概念

著作权，又称版权，是指作者对其创作的文学艺术和科学作品依法享有的权利。构成著作权的基本要素有两个：一是作品，即著作权法律关系的客体；二是作者，即著作权主体。可以作为作品的有文字作品、口述作品、美术作品、摄影作品、计算机软件等，能够作为作品的对象还在不断发展过程中。

（二）著作权人的权利

著作权人的权利可以分为人身权和财产权两部分。根据《著作权法》第10条的规定，著作权人的权利主要包括发表权、署名权、修改权、保护作品完整权等人身权利，以及使用权和获得报酬权两项财产权。

案例故事

中国网络侵犯著作权第一案

1999 年，王蒙等 6 位著名作家将北京世纪互联通信技术有限公司（以下简称世纪互联公司）告上法庭，原因是世纪互联公司旗下的“北京在线”网站未经许可、未支付报酬便传播了王蒙的《坚硬的稀粥》等 7 部小说。法院最后认定：在国际互联网环境中，文字作品的著作权人享有著作权法规定的使用权和获得报酬权，在互联网上传播作品是使用作品的一种方式。网站未经许可使用他人作品，既侵犯了他人的著作权，也损害了著作权人的经济利益，应当给予赔偿。因此法院判令世纪互联公司向 6 位作家赔礼道歉，并赔偿经济损失 26 580元。

第六节 婚姻与继承

一、婚姻法律制度概述

（一）婚姻法律制度的基本原则

婚姻法律制度就是调整婚姻关系的成立和解除，夫妻的权利义务，亲子和其他近亲属关系，收养、监护、抚养等法律关系的总称。

我国《民法典》第 1041 条规定：“婚姻家庭受国家保护。实行婚姻自由、一夫一妻、男女平等的婚姻制度。保护妇女、未成年人、老年人、残疾人的合法权益。”这是我国婚姻家庭立法的宗旨和基本原则。《民法典》第 1042 条规定：“禁止包办、买卖婚姻和其他干涉婚姻自由的行为。禁止借婚姻索取财物。禁止重婚。禁止有配偶者与他人同居。禁止家庭暴力。禁止家庭成员间的虐待和遗弃。”这几个禁止是对上述原则的进一步补充。

（二）结婚的条件

（1）结婚年龄：男不得早于 22 周岁，女不得早于 20 周岁。

（2）没有禁止结婚的情形。《民法典》第 1048 条规定：“直系血亲或者三代以内的旁系血亲禁止结婚。”

要求结婚的男女双方应当亲自到婚姻登记机关申请结婚登记。符合《民法典》规定的，予以登记，发给结婚证。完成结婚登记，即确立婚姻关系。未办理结婚登记的，应当补办登记。登记结婚后，按照男女双方约定，女方可以成为男方家庭的成员，男方可以成为女方家庭的成员。

（三）无效婚姻和可撤销的婚姻

无效婚姻有三种情形：

（1）重婚；

（2）有禁止结婚的亲属关系；

（3）未到法定婚龄。

可撤销的婚姻有两种情形：

（1）因胁迫结婚的，受胁迫的一方可以向人民法院请求撤销婚姻。请求撤销婚姻的，应当自胁迫行为终止之日起一年内提出。被非法限制人身自由的当事人请求撤销婚姻的，应当自恢复人身自由之日起一年内提出。

（2）一方患有重大疾病的，应当在结婚登记前如实告知另一方；不如实告知的，另一方可以向人民法院请求撤销婚姻。请求撤销婚姻的，应当自知道或者应当知道撤销事由之日起一年内提出。

案例故事

惊人的订婚彩礼

在我国一些省的农村，订婚彩礼有时令人瞠目结舌。早在 20 世纪 80 年代，彩礼已经是 1 001 元起步了，寓意“千里挑一”，很快就上涨到 10 001 元或 10 007 元，寓意“万里挑一”“万里挑妻”。现在有的地方结婚彩礼据说用斤称，起步价为 3 斤 3 两，这是 100 元面值钞票的重量，大约是 14.35 万元。还有地方有“万紫千红，一动不动”的说法，“万紫千红”就是 1 万张 5 元钞票，加 1 000 张百元大钞，这已经是 15 万元，至于“一动不动”，则是指房子和小汽车。

解析：支付天价彩礼使农村家庭背负巨债确实不合适。“彩礼”这个词并非一个规范的法律用语，由于在司法实践中因彩礼引发的纠纷很多，最高人民法院才出台了相关的司法解释，明确规定了返还彩礼的几种情形。

（四）家庭财产的划分

家庭财产的划分对婚姻家庭关系，特别是离婚有重大意义。

《民法典》第 1062 条规定，夫妻在婚姻关系存续期间所得的下列财产，为夫妻的共同财产，归夫妻共同所有：

（1）工资、奖金、劳务报酬；

（2）生产、经营、投资的收益；

（3）知识产权的收益；

（4）继承或者受赠的财产，但《民法典》第 1063 条第 3 项规定的除外；

（5）其他应当归共同所有的财产。

夫妻对共同所有的财产，有平等的处理权。

有下列情形之一的，为夫妻一方的财产：

（1）一方的婚前财产；

（2）一方因受到人身损害获得的赔偿或者补偿；

（3）遗嘱或者赠与合同中确定只归一方的财产；

（4）一方专用的生活用品；

（5）其他应当归一方的财产。

男女双方可以约定婚姻关系存续期间所得的财产以及婚前财产归各自所有、共同所有或者部分各自所有、部分共同所有。约定应当采用书面形式。

《民法典》第 1064 条规定：夫妻双方共同签名或者夫妻一方事后追认等共同意思表示所负的债务，以及夫妻一方在婚姻关系存续期间以个人名义为家庭日常生活需要所负的债务，属于夫妻共同债务。

夫妻一方在婚姻关系存续期间以个人名义超出家庭日常生活需要所负的债务，不属于夫妻共同债务；但是，债权人能够证明该债务用于夫妻共同生活、共同生产经营或者基于夫妻双方共同意思表示的除外。

（五）离婚的条件和情形

离婚是男女双方解除夫妻关系的行为。离婚有协议离婚和诉讼离婚两种。协议离婚是指男女双方就子女抚养权和财产分割达成一致协议后，直接到婚姻登记机关办理离婚手续。针对协议离婚，《民法典》第 1077 条增加了离婚冷静期的规定："自婚姻登记机关收到离婚登记申请之日起三十日内，任何一方不愿意离婚的，可以向婚姻登记机关撤回离婚登记申请。前款规定期限届满后三十日内，双方应当亲自到婚姻登记机关申请发给离婚证；未申请的，视为撤回离婚登记申请。"

《民法典》第 1079 条规定：夫妻一方要求离婚的，可以由有关组织进行调解或者直接向人民法院提起离婚诉讼。人民法院审理离婚案件，应当进行调解；如果感情确已破裂，调解无效的，应当准予离婚。

有下列情形之一，调解无效的，应当准予离婚：

（1）重婚或者与他人同居；

（2）实施家庭暴力或者虐待、遗弃家庭成员；

（3）有赌博、吸毒等恶习屡教不改；

（4）因感情不和分居满二年；

（5）其他导致夫妻感情破裂的情形。

一方被宣告失踪，另一方提出离婚诉讼的，应当准予离婚。

经人民法院判决不准离婚后，双方又分居满一年，一方再次提起离婚诉讼的，应当准予离婚。

另外，我国《民法典》对妇女和军人进行了特别保护。

我国《民法典》第1081条规定："现役军人的配偶要求离婚，应当征得军人同意，但是军人一方有重大过错的除外。"第1082条规定："女方在怀孕期间、分娩后一年内或者终止妊娠后六个月内，男方不得提出离婚；但是，女方提出离婚或者人民法院认为确有必要受理男方离婚请求的除外。"

我国《民法典》还明确规定了离婚的无过错方的赔偿请求权。《民法典》第1091条规定，有下列情形之一，导致离婚的，无过错方有权请求损害赔偿：

（1）重婚；

（2）与他人同居；

（3）实施家庭暴力；

（4）虐待、遗弃家庭成员；

（5）有其他重大过错。

（六）家庭教育指导令

2022年1月1日，《家庭教育促进法》实施，正式将家庭教育从"家事"升级为"国事"。其中规定了家庭教育指导令制度。

（1）家庭教育指导令的发布主体。

公安机关、人民检察院、人民法院在办理案件过程中，发现未成年人存在严重不良行为或者实施犯罪行为，或者未成年人的监护人或其他监护人不正确实施家庭教育侵害未成年人合法权益的，可根据《家庭教育促进法》《未成年人保护法》等规定结合实际情况对监护人或者其他监护人予以训诫，并可以责令接受家庭教育指导。

（2）家庭教育指导令的适用对象。

家庭教育指导令的适用对象仅针对未成年人的父母或监护人。《家庭教育促进法》第2条规定："本法所称家庭教育，是指父母或者其他监护人为促进未成年人全面健康成长，对 其实施的道德品质、身体素质、生活技能、文化修养、行为习惯等方面的培育、引导和影响。"

（3）家庭教育指导令的适用情形。

《家庭教育促进法》第49条规定是司法机关发出家庭教育指导令的直接法律依据。从该条规定可以归纳出家庭教育指导令主要针对三类行为：一是未成年人存在严重不良行为；二是未成年人实施犯罪行为；三是未成年人的父母或者其他监护人不正确实施家庭教育侵害未成年人合法权益。

案例故事

国外婚姻法的有趣规定

爱尔兰法律曾经规定禁止离婚。因为有了这条规定，所以爱尔兰人对婚姻大事考虑得极为周密，生怕“一失足成千古恨”。久而久之，晚婚成为爱尔兰人的风俗。不过这项延续了近 60 年的规定在 1996 年已被废除。

英国法律规定，如果男子在大庭广众之下发誓并做到一年之内不与妻子吵架，他就可以从国库里领到一只火腿。

二、继承法概述

（一）继承法的基本原则

继承法，是指调整因人的死亡而发生的遗产转移关系的法律规范的总称。法定继承、遗嘱继承、遗赠和遗赠扶养协议是四种主要继承形式。继承法坚持保护自然人私有财产继承、平等继承、互谅互让、养老育幼、团结和睦、权利义务相一致和限定继承的原则。

（二）法定继承

法定继承是指法律所规定的遗产转移关系的法律制度。

根据我国《民法典》第 1127 条至第 1129 条的规定，遗产按照下列顺序继承：第一顺序为配偶、子女、父母。子女包括婚生子女、非婚生子女、养子女和有扶养关系的继子女；父母包括生父母、养父母和有扶养关系的继父母。对公婆尽了主要赡养义务的丧偶儿媳，对岳父母尽了主要赡养义务的丧偶女婿，作为第一顺序继承人。第二顺序为兄弟姐妹、祖父母、外祖父母。兄弟姐妹包括同父母的兄弟姐妹、同父异母或者同母异父的兄弟姐妹、养兄弟姐妹、有扶养关系的继兄弟姐妹。继承开始后，由第一顺序继承人继承，第二顺序继承人不继承；没有第一顺序继承人继承的，由第二顺序继承人继承。

案例故事

侄子可以继承叔叔的遗产吗？

陈某因病去世，留下一栋房子。陈某生前没有结婚，因此没有配偶，也无儿女。陈某的父母早年间都已去世，陈某唯一的哥哥和嫂嫂前两年也因交通意外身亡，只留下一个儿子，即陈某的侄子。请问，陈某的侄子可否继承陈某的遗产？

《民法典》第1128条规定，被继承人的子女先于被继承人死亡的，由被继承人的子女的直系晚辈血亲代位继承。被继承人的兄弟姐妹先于被继承人死亡的，由被继承人的兄弟姐妹的子女代位继承。代位继承人一般只能继承被代位继承人有权继承的遗产份额。

根据《民法典》的相关规定，被继承人陈某没有第一顺序的继承人继承，应由第二顺序继承人进行遗产的继承。由于被继承人陈某的哥哥及其配偶先于被继承人死亡，应由其子女即被继承人陈某的侄子代位继承。

关于法定继承中的遗产分配，我国《民法典》第1130条规定："同一顺序继承人继承遗产的份额，一般应当均等。对生活有特殊困难又缺乏劳动能力的继承人，分配遗产时，应当予以照顾。对被继承人尽了主要扶养义务或者与被继承人共同生活的继承人，分配遗产时，可以多分。有扶养能力和有扶养条件的继承人，不尽扶养义务的，分配遗产时，应当不分或者少分。继承人协商同意的，也可以不均等。"

例如，赵某和王某是夫妻，生了两个儿子赵江、赵海，一个女儿赵梅。赵某死后如何分配其夫妻共同财产？如图4－3所示，首先，夫妻共同财产中的一半是配偶王某的；其次，王某、赵江、赵海、赵梅平均分配剩余的一半财产。

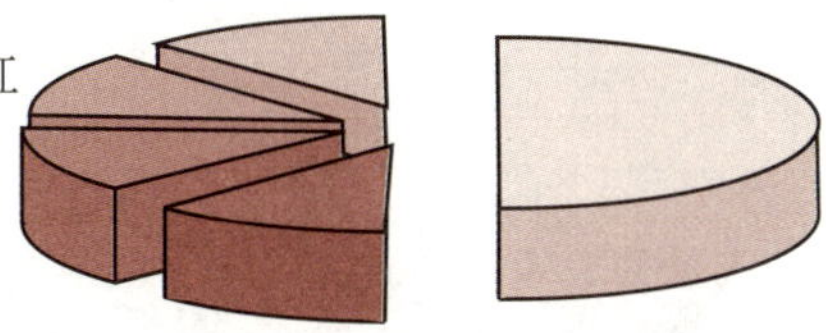

图4－3　夫妻共同财产的分配

（三）遗嘱继承和遗赠

遗嘱继承是指按照被继承人生前所立的合法有效的遗嘱进行遗产转移的法律制度。我国《民法典》第1133条规定："自然人可以依照本法规定立遗嘱处分个人财产，并可以指定遗嘱执行人。自然人可以立遗嘱将个人财产指定由法定继承人中的一人或者数人继承。"

遗嘱有公证遗嘱、自书遗嘱、代书遗嘱、打印遗嘱、录音录像遗嘱和口头遗嘱6种形式。除自书遗嘱外，其他形式的遗嘱均以见证人在场为必要条件。

遗赠是指自然人以遗嘱方式将其生前的合法财产的一部分或者全部赠与法定继承人以外的个人或组织的单方法律行为。根据我国《民法典》第1133条的规定，自然人可以立遗嘱将个人财产赠与国家、集体或者法定继承人以外的组织、个人。

案例故事

违反公序良俗的遗嘱

蒋某与黄某是合法夫妻，黄某与比他小近30岁的爱姑相识后，便一直在外租房公开非法同居生活。黄某通过遗嘱将其财产留给了爱姑，因此黄某死后，爱姑以蒋某侵害其财产权为由，诉讼至泸州市纳溪区人民法院，公然与黄某妻子蒋某争夺遗产。法院认为：遗赠人黄某基于与原告爱姑有非法同居关系而立下遗嘱，将其遗产赠与原告爱姑，是一种违反公共秩序和社会公德的行为，破坏了我国实行的一夫一妻制度，败坏了社会风气。据此法院驳回爱姑的诉讼请求。

（四）遗赠扶养协议

遗赠扶养协议是遗赠人和扶养人之间关于扶养人承担遗赠人的生养死葬的义务，遗赠人的财产在其死后转归扶养人所有的协议。遗赠扶养协议是一种平等、有偿和互为权利义务关系的民事法律关系。遗赠扶养协议是我国民法确立的一项法律制度，是我国继承制度的新发展。我国《民法典》继承编第1123条规定："继承开始后，按照法定继承办理；有遗嘱的，按照遗嘱继承或者遗赠办理；有遗赠扶养协议的，按照协议办理。"

第七节 公司

一、公司的概念、法律特征和种类

（一）公司的概念

公司是指依照公司法设立的，股东以其出资额或股份对公司承担有限责任的企业法人。我国公司分为有限责任公司和股份有限公司两种类型。

（二）公司的法律特征

（1）公司是具有独立人格的商事组织。

（2）公司是以营利为目的的企业法人。

（3）公司是依法成立的企业组织。

（三）公司的种类

1. 有限责任公司与股份有限公司

根据我国公司法的规定，公司分为有限责任公司和股份有限公司两类。

有限责任公司是指股东以其出资额为限对公司承担责任，公司以其全部资产对公司债务承担责任的企业法人。有限责任公司具有如下几个方面的特点：股东对公司债务承担有限责任，有限责任公司要以其全部法人财产对公司债务承担责任，公司股东仅以出资额为限对公司债权人承担间接有限的清偿责任；有限责任公司的股东可以是自然人，也可以是法人，但股东人数按照我国公司法的要求不超过 50 人；有限责任公司的股权不能公开募集，有限责任公司股东出资的转让受到了限制；有限责任公司设立比较简便，组织机构比较简单，公司代理成本、内部监督成本较低，决策比较灵活，对市场反应比较迅速，是中小型企业的理想组织形式。

股份有限公司是指公司全部资本划分为等额股份，股东以其所持有的股份额对公司承担责任，公司以其全部资产对公司债务承担清偿责任的企业法人。股份有限公司具有如下几个方面的特点：股东以其所拥有的股份额对公司债务承担有限责任；股份有限公司的资本划分为等额股份，股票（股份的凭证）向社会公开发行并自由转让；法人治理结构比较完备、周密。与有限责任公司相比，股份有限公司的设立条件、程序都更为严格，要求更高。

2. 人合公司、资合公司和两合公司

人合公司对外承担责任的信用实际上是以股东的人格对公司信用的担保。人合公司具有如下特征：第一，股东以其所拥有的全部财产对公司债务承担连带赔偿责任。因此人合公司不强调公司资产，而关注股东的实力和信用，股东的信用决定了公司对外承担责任的能力。第二，人合公司的股东之间互负无限连带赔偿责任，股东之间的信任显得极为重要。

资合公司对外承担责任的能力是由公司所拥有的净资产数额决定的，与股东的信用没有关系。资合公司具有如下特征：第一，由公司的全部净资产对公司的债务承担责任，公司资产数额与公司的信用成正比，股东的信用与公司的信用并无关系。第二，股东对公司债务承担有限责任，股东的责任以其对公司的投资额为限。第三，资合公司的股东之间不承担连带责任，因此无须具备信任关系，甚至相互都可以不认识。

既以公司股东的信用为基础，又以公司资产为信用基础的公司是两合公司。两合公司一般是指公司一部分股东承担连带责任，另一部分股东以其出资为限承担有限责任的情况。

3. 母公司与子公司

以公司的外部控制关系为标准，可以将公司分为母公司与子公司。

母公司是指拥有其他公司一定数量的股份，因此能够支配、控制其他公司主要经营活动的公司。子公司是指主要经营业务被另外一家公司实际控制、支配的公司。

4. 总公司与分公司

基于组织系统上的从属关系，可以将公司分为总公司与分公司。

总公司又称本公司，是指在组织系统中处于支配和管理若干分支机构或部门的地位，具有独立法人资格的公司。分公司是相对于总公司而言的，是指公司在其住所以外设立的，不具有企业法人资格，从事经营活动的机构。分公司是总公司的一个附属机构或业务部门，没有自己独立的财产和组织机构，只有业务管理人，因此分公司活动的后果将全部由总公司承受。

二、公司设立制度

（一）设立条件

1. 有限责任公司的设立条件

根据我国《公司法》的规定，设立有限责任公司应当具备下列条件：

（1）股东符合法定人数。

（2）有符合公司章程规定的全体股东认缴的出资额。我国《公司法》第 47 条的规定：有限责任公司的注册资本为在公司登记机关登记的全体股东认缴的出资额。全体股东认缴的出资额由股东按照公司章程的规定自公司成立之日起五年内缴足。第 48 条规定：股东可以用货币出资，也可以用实物、知识产权、土地使用权、股权、债权等可以用货币估价并可以依法转让的非货币财产作价出资；但是，法律、行政法规规定不得作为出资的财产除外。对作为出资的非货币财产应当评估作价，核实财产，不得高估或者低估作价。法律、行政法规对评估作价有规定的，从其规定。

（3）股东共同制定公司章程。

（4）有公司名称，建立符合有限责任公司要求的组织机构。

（5）有公司住所。

2. 股份有限公司的设立条件

根据我国《公司法》的规定，设立股份有限公司，应当具备下列条件：

（1）发起人符合法定人数。

（2）有符合公司章程规定的全体发起人认购的股本总额或者募集的实收股本总额。

（3）股份发行、筹办事项符合法律规定。这是设立股份有限公司必须遵循的原则。

（4）发起人制定公司章程，采用募集方式设立的经成立大会通过。

（5）有公司名称，建立符合股份有限公司要求的组织机构。

（6）有公司住所。

（二）设立程序

1. 有限责任公司的设立程序

根据相关法律规定，设立有限责任公司一般应经过如下程序：

（1）发起人发起。

（2）公司名称的预先核准。

（3）制定公司章程。

（4）办理必要的行政审批。

（5）缴纳出资。

（6）验资。

（7）申请设立登记。

（8）登记机关签发营业执照。

2. 股份有限公司的设立程序

股份有限公司的设立指的是为正式成立股份有限公司、取得法人资格而依法进行的一系列筹建准备行为。股份有限公司的设立程序因发起设立和募集设立的不同而有所区别，下面就这两种情况分别进行介绍。

发起设立的程序：

（1）发起人以书面形式订立发起人协议。

（2）发起人认购股份。

（3）发起人按照协议的规定缴纳出资。

（4）发起人交付全部出资以后，选举董事会和监事会。

（5）申请设立登记。

募集设立的程序：

（1）发起人首先要做的是与前述的发起设立的程序中前两步相同的步骤，有所区别的是，在发起设立中，发起人要认购全部股份，而在募集设立中，发起人只认购全部股份中的一部分。《公司法》规定："以募集设立方式设立股份有限公司的，发起人认购的股份不得少于公司章程规定的公司设立时应发行股份总数的百分之三十五；但是，法律、行政法规另有规定的，从其规定。"发起人只有缴足所认购的出资后，才能向社会公开募集股份。

（2）制定招股说明书。

（3）发起人应该同依法设立的证券经营机构签订承销协议，并与银行签订代收股款的协议。

（4）提出募股申请。发起人向社会公开募集股份，应当经国务院证券监督管理机构注册，公告招股说明书。

（5）经国务院证券监督管理机构审批。

以募集方式设立股份有限公司公开发行股票的，还应当向公司登记机关报送国务院证券监督管理机构的核准文件。

三、公司法人治理结构

公司法人治理结构如图 4-4 所示。

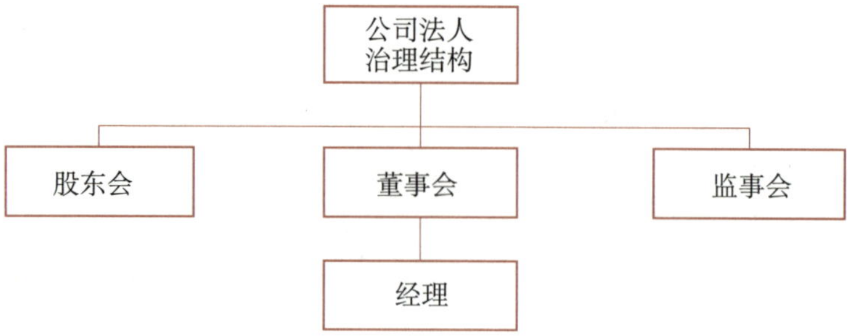

图 4-4　公司法人治理结构

（一）公司权力机构（由全体股东构成）

1. 名称

有限责任公司和股份有限公司的权力机构称股东会。

2. 构成

有限责任公司由 50 人以下的股东构成。股份有限公司由发起人和一般股东构成。发起人为 1 人以上 200 人以下，至少认购 35%股份，公司成立（或上市）1 年内不得转让，而一般股东则无此限制。

3. 议事方式

公司权力机构主要通过会议表决的方式来行使权力。

4. 职权

根据《公司法》的规定，股东会的职权主要包括：关系公司存亡的非日常性事务；审批董事会、监事会报告；公司章程规定的其他职权。

（二）董事会

1. 董事会的性质

董事会是公司代表机构，它对股东会负责，是股东会的执行机构。

2. 董事会的组成

有限责任公司董事会成员为 3 人以上，其成员中可以有公司职工代表，职工人数 300 人以上的有限责任公司，其董事会成员中应当有公司职工代表。规模较小或者股东人数较少的有限责任公司，可以不设董事会，只设一名董事。董事每届任期不得超过 3 年。我国公司法对董事有严格的任职限制，有下列情形之一的，不得担任公司的董事：

（1）无民事行为能力或者限制民事行为能力；

（2）因贪污、贿赂、侵占财产、挪用财产或者破坏社会主义市场经济秩序，被判处刑罚，或者因犯罪被剥夺政治权利，执行期满未逾五年，被宣告缓刑的，自缓刑考验期满之日起未逾两年；

（3）担任破产清算的公司、企业的董事或者厂长、经理，对该公司、企业的破产负有个人责任的，自该公司、企业破产清算完结之日起未逾三年；

（4）担任因违法被吊销营业执照、责令关闭的公司、企业的法定代表人，并负有个人责任的，自该公司、企业被吊销营业执照、责令关闭之日起未逾三年；

（5）个人因所负数额较大债务到期未清偿被人民法院列为失信被执行人。

3. 董事的义务

董事对公司负有忠实义务和勤勉义务。董事不得因一己私利损害公司利益，主要禁止行为如下：

（1）侵占公司财产、挪用公司资金；

（2）将公司资金以其个人名义或者以其他个人名义开立账户存储；

（3）利用职权贿赂或者收受其他非法收入；

（4）接受他人与公司交易的佣金归为己有；

（5）擅自披露公司秘密；

（6）违反对公司忠实义务的其他行为。

董事有上述禁止行为所得的收入应当归公司所有。董事违反其所负义务，应当承担相应的法律责任。

4. 董事会的职权

根据《公司法》的规定，董事会的职权主要是：日常经营决策；制定公司基本制度以及财务方案；公司章程规定的其他职权。

（三）经理

经理是公司的高级管理人员，由董事会决定聘任或者解聘，经理对董事会负责，接受董事会的授权主持公司的日常经营管理工作。

（四）监事会

1. 性质

监事会是公司的内部监督机关。

2. 组成

监事会由 3 人以上组成，一般由股东代表和公司职工代表组成。有限责任公司、股份有限公司可以按照公司章程的规定在董事会中设置由董事组成的审计委员会，行使监事会的职权，不设监事会或者监事。规模较小或者股东人数较少的有限责任公司、股份有限公司可以不设监事会，设 1 名监事，行使监事会的职权。监事的任期每届为三年。监事会的表决采用一人一票的表决机制。

3. 职权

检查公司财务，必要时可以聘请会计师事务所协助，费用由公司承担；监督董事和高级管理人员；提议召开并主持临时股东会会议；向股东会会议提出提案；依据规定对董事和高级管理人员提起诉讼；公司章程规定的其他职权。

四、公司的解散与清算

（一）公司解散

公司解散，是业已成立的公司，因发生法律或公司章程规定的解散事由而停止其积极的业务活动，并开始处理未了结事务的一种法律程序。根据公司解散的原因不同，可将公司解散分为自愿性解散、行政性强制解散和司法性强制解散三类。公司解散时，应当在10日内将解散事由通过国家企业信用信息公示系统予以公示。

公司法人资格并不因公司解散而消灭，只有公司清算完毕，由注册登记机关办理注销登记后，公司人格才消灭。

公司解散所产生的法律效力包括：

（1）公司权利能力受到限制。除为清算的必要，公司不得进行任何经营活动。

（2）公司机关的能力受到限制，清算组将全面主持公司工作。

尽管公司的股东会和监事会等机关依然存在，但公司的基本工作主要围绕清算展开，公司机关也主要是配合清算工作。

（二）公司清算

公司清算是指公司解散后，依照法定程序了结公司未了结之事务，收回债权、清偿债务，使公司归于消灭的一系列法律行为和制度的总称。除公司合并、分立两种情形外，公司解散后都应当依法进行清算，不经清算，公司不得注销消亡，因此，清算是公司解散到公司终止前的一个必经程序。

案例故事

一杯价值百万元的咖啡

年近八旬的美国妇女史特拉·莉柏克带着孙子出去逛街。吃午饭的时候，她从麦当劳买了一些食物带到汽车上。史特拉拿出一杯热咖啡，正要喝的时候，她的孙子说打不开汉堡的包装纸，史特拉只好放下咖啡帮忙。因为车里没有平的地方可以放咖啡杯，史特拉只好把杯子放在两腿之间夹住，以腾出双手来帮自己的孙子。一不小心，整杯热咖啡泼在两腿之间，并流到了脚部，致使占全身6%的皮肤3度烫伤。史特拉一纸诉状将麦当劳告上法庭，法院最终判其胜诉。主要的理由有两点：一是麦当劳咖啡的温度高达82℃～86℃（麦当劳辩称此温度饮用时口感最佳），比同业整整高出了 10℃～16℃；二是麦当劳一方面出售“高温咖啡”，另一方面又没在店堂内或咖啡杯上注明“高温热饮，小心烫伤”之类的警告，而且麦当劳使用的是价廉、简陋的一次性纸杯，很容易因意外失手导致咖啡泼洒，烫伤顾客。陪审团最后裁定麦当劳公司承担 286 万美元的巨额赔偿责任。

第八节　消费者权益保护

一、消费者权益保护法概述

消费者权益保护法是指国家基于消费者的弱者地位而给予其特别保护的法律总称。其立法宗旨十分明确：“保护消费者的合法权益，维护社会经济秩序，促进社会主义市场经济健康发展”。

国际消费者联盟组织于 1983 年确定每年的 3 月 15 日为“国际消费者权益日”（International Day for Protecting Consumers Rights），以扩大消费者权益保护的宣传，使之在世界范围内得到重视，促进各国和地区消费者组织之间的合作与交往，从而在国际范围内更好地保护消费者权益。

二、消费者权益保护法的基本原则

消费者权益保护法坚持以下基本原则：

（1）对消费者特别保护原则。

（2）消费者权益保护与经济建设协调发展原则。

（3）行政监督与社会监督相结合原则。

（4）补偿性与惩罚性相结合原则。

三、消费者的权利和经营者的义务

（一）消费者的权利

消费者的权利是指消费者在购买、使用商品或者接受服务过程中，依法享有的受法律保护的利益。《消费者权益保护法》对消费者的十项权利作出了明确的规定，为消费者在遭受损害时获得法律保护提供了法律依据。这十项权利分别是：

（1）安全保障权。

（2）知悉真情权。

（3）自主选择权。

（4）公平交易权。《消费者权益保护法》第 10 条规定："消费者享有公平交易的权利。消费者在购买商品或者接受服务时，有权获得质量保障、价格合理、计量正确等公平交易条件，有权拒绝经营者的强制交易行为。"

（5）获得赔偿权。

（6）依法结社权。

（7）获得知识权。

（8）维护尊严和民族风俗习惯权。

（9）监督批评权。

（10）七天无理由退货的权利。我国《消费者权益保护法》第 25 条规定："经营者采用网络、电视、电话、邮购等方式销售商品，消费者有权自收到商品之日起七日内退货，且无需说明理由，但下列商品除外：（一）消费者定作的；（二）鲜活易腐的；（三）在线下载或者消费者拆封的音像制品、计算机软件等数字化商品；（四）交付的报纸、期刊。除前款所列商品外，其他根据商品性质并经消费者在购买时确认不宜退货的商品，不适用无理由退货。消费者退货的商品应当完好。经营者应当自收到退回商品之日起七日内返还消费者支付的商品价款。退回商品的运费由消费者承担；经营者和消费者另有约定的，按照约定。"

（二）经营者的义务

经营者的义务因消费者的权利而产生。经营者的义务是经营者在经营活动中依照法律规定必须为一定的行为或者不为一定的行为。《消费者权益保护法》第三章对经营者的义务作出了明确的规定。

（1）守法义务。

（2）接受监督义务。

（3）保证消费者安全义务。

（4）真实信息告知义务。

（5）真实标识义务。

（6）出具单据义务。

（7）保证质量义务。

（8）售后服务义务。

（9）禁止以告示免责义务。

（10）禁止侵犯消费者人身权义务。

四、消费者权益受侵害的赔偿标准

我国《消费者权益保护法》第 49 条规定："经营者提供商品或者服务，造成消费者或者其他受害人人身伤害的，应当赔偿医疗费、护理费、交通费等为治疗和康复支出的合理费用，以及因误工减少的收入。造成残疾的，还应当赔偿残疾生活辅助具费和残疾赔偿金。造成死亡的，还应当赔偿丧葬费和死亡赔偿金。"第 51 条规定："经营者有侮辱诽谤、搜查身体、侵犯人身自由等侵害消费者或者其他受害人人身权益的行为，造成严重精神损害的，受害人可以要求精神损害赔偿。"第 55 条规定："经营者提供商品或者服务有欺诈行为的，应当按照消费者的要求增加赔偿其受到的损失，增加赔偿的金额为消费者购买商品的价款或者接受服务的费用的三倍；增加赔偿的金额不足五百元的，为五百元。法律另有规定的，依照其规定。经营者明知商品或者服务存在缺陷，仍然向消费者提供，造成消费者或者其他受害人死亡或者健康严重损害的，受害人有权要求经营者依照本法第四十九条、第五十一条等法律规定赔偿损失，并有权要求所受损失二倍以下的惩罚性赔偿。"

根据上述条文，我们可以将现行《消费者权益保护法》的赔偿标准归纳为三点：

（1）提高了针对一般性欺诈行为的赔偿数额，由过去的增加赔偿一倍的商品、服务价款，提升到现在的增加赔偿三倍的商品、服务价款。

（2）规定了最低赔偿金 500 元，解决了一些商品和服务因价款过低，惩罚性赔偿没有力度，不利于动员消费者维权，从而使不法经营者得不到应有惩戒的问题。

（3）规定了经营者明知商品和服务存在缺陷，仍向消费者提供，造成消费者或者其他受害人死亡、健康严重受损的，除可视情况依法要求赔偿损失外，还有权要求所受损失二倍以下的惩罚性赔偿。

如果消费者购买的是食品，还可以适用我国《食品安全法》中"买一赔十"的规定。我国《食品安全法》第 147 条规定："违反本法规定，造成人身、财产或者其他损害的，依法承担赔偿责任。生产经营者财产不足以同时承担民事赔偿责任和缴纳罚款、罚金时，先承担民事赔偿责任。"第 148 条规定："生产不符合食品安全标准的食品或者经营明知是不符合食品安全标准的食品，消费者除要求赔偿损失外，还可以向生产者或者经营者要求支付价款十倍或者损失三倍的赔偿金；增加赔偿的金额不足一千元的，为一千元。但是，食品的标签、说明书存在不影响食品安全且不会对消费者造成误导的瑕疵的除外。"

五、消费者权益争议的解决途径

根据我国《消费者权益保护法》的规定，对于消费者权益争议，可以通过以下途径解决：

（1）与经营者协商和解。

（2）请求消费者协会或者依法成立的其他调解组织调解。

（3）向有关行政部门投诉。

（4）根据与经营者达成的仲裁协议提请仲裁机构仲裁。

（5）向人民法院提起诉讼。

案例故事

王某知假买假案

1995年某工厂业务员王某在北京出差期间，看到一本介绍《消费者权益保护法》的书，了解到《消费者权益保护法》规定：购买假冒伪劣商品可以要求双倍赔偿。为了验证这一规定的可行性，他来到隆福大厦，看到一种标明“日本制造”、单价85元的“索尼”耳机。他怀疑这是假货，便买了一副，找到索尼公司驻京办事处。经证实为假货后，他返回隆福大厦，又买了10副相同的耳机，然后要求商场依照《消费者权益保护法》的规定予以赔偿。商场同意退回第一副耳机并赔偿200元，但拒绝对后来购买的10副耳机给予任何赔偿。此后，王某走上了职业打假的道路，但在索赔过程中屡遭拒绝，理由基本都是：王某的行为属于“知假买假”，不属于法律上的“消费者”，无权依据《消费者权益保护法》请求双倍赔偿。

知识链接

2024年《中华人民共和国消费者权益保护法实施条例》亮点

亮点1　针对大数据“杀熟”，首次规范差异化定价

针对赠品和试用装瑕疵问题，《中华人民共和国消费者权益保护实施条例》（以下简称《条例》）第7条第2款规定了经营者免费提供的商品和服务同样要承担安全保障义务和瑕疵担保责任。具体而言就是免费商品或服务应当符合保障人身和财产安全要求的红线，意味着经营者不可以以“免费提供”或者“赠品”为由免责。

针对大数据“杀熟”等价格歧视现象，《条例》第9条第2款规定，经营者不得在消费者不知情的情况下，对同一商品或者服务在同等交易条件下设置不同的价格或者收费标准。这也是我国在行政法规中首次对差异化定价进行规范，明确了差异化营销以保障消费者知情权为前提，彰显市场公平。

亮点2　针对直播带货，建立消费争议解决机制

对于直播带货等场景下的宣传乱象，《条例》第14条规定了直播营销平台

的消费者权益保护，进一步细化电商广告监管规定。具体来说，即经营者通过网络直播等方式提供商品或者服务的，应当依法履行消费者权益保护相关义务。直播营销平台经营者应当建立健全消费者权益保护制度，明确消费争议解决机制。发生消费争议的，直播营销平台经营者应当根据消费者的要求提供直播间运营者、直播营销人员相关信息以及相关经营活动记录等必要信息。直播间运营者、直播营销人员发布的直播内容构成商业广告的，应当依照广告法的有关规定履行广告发布者、广告经营者或者广告代言人的义务。

亮点 3　针对个人信息，禁止经营者过度收集

一些 App 过度采集使用个人信息成为近年来的消费维权热点问题。《条例》要求经营者收集个人信息需遵循“最小必要原则”。《条例》第 23 条规定，经营者应当依法保护消费者的个人信息。经营者在提供商品或者服务时，不得过度收集消费者个人信息，不得采用一次概括授权、默认授权等方式，强制或者变相强制消费者同意收集、使用与经营活动无直接关系的个人信息。经营者处理包含消费者的生物识别、宗教信仰、特定身份、医疗健康、金融账户、行踪轨迹等信息以及不满 14 周岁未成年人的个人信息等敏感个人信息的，应当符合有关法律、行政法规的规定。此外，《条例》第 24 条还明确提出，未经消费者同意，经营者不得向消费者发送商业性信息或者拨打商业性电话。

亮点 4　针对不当退货，合理约束消费者行为

《条例》首次规定投诉举报需依法行事，并在条文中多次使用了“理性维权”“依法维权”等措辞，明确增设概括性要求，即《条例》第 27 条规定“投诉、举报应当遵守法律、法规和有关规定，不得利用投诉、举报牟取不正当利益，侵害经营者的合法权益，扰乱市场经济秩序。”

针对“七天无理由试穿”“霸王餐”等不当退货行为，《条例》第 19 条第四款强调，消费者无理由退货应当遵循诚实信用原则，不得利用无理由退货规则损害经营者和其他消费者的合法权益。

资料来源：白雪．2024 年《中华人民共和国消费者权益保护法实施条例》亮点．北京日报，2024－06－26.

案例思考

格式合同大大简化了交易的过程，提高了交易效率，降低了交易成本，因此在现代社会格式合同大量存在，比如保险合同、储蓄合同、电信入网协议等，以及车票、船票、飞机票、提单、仓单等都是格式合同。非格式合同拟订方（消费者）往往处于弱势地位，其权利容易受到企业的侵害。

问题：法律为非格式合同拟订方（消费者）提供了哪些保护措施？

第五章 刑 法

蔑视社会秩序最明显、最极端的表现就是犯罪
刑罚如两刃之剑，用之不得其当，则国家和个人皆受其害

学习目标

知识目标

- 了解犯罪构成、犯罪形态及刑罚的一般规则
- 掌握正当防卫与紧急避险的概念

素养目标

- 通过学习我国的刑事政策、谦抑性原则等内容，自觉地增强道路自信、理论自信、制度自信、文化自信

知识要点

- 犯罪及其构成
- 正当防卫和紧急避险
- 犯罪的形态及刑罚

第一节 刑法概述

一、刑法的概念

刑法是规定犯罪、刑事责任及其处罚的法律规范的总和。

二、刑法的目的

我国刑法的目的是惩罚犯罪与保护人民的统一。刑法正是通过对犯罪行为的惩罚，使人民的权利和利益不受侵害和威胁。

三、刑法的一般原则

我国刑法的三大基本原则为：罪刑法定原则，适用刑法人人平等原则，罪刑相适应原则。

第二节 犯 罪

一、犯罪的概念和特征

犯罪是指一切有社会危害性的，违反刑法明文规定的，应受刑罚处罚的行为。

犯罪具有三个基本特征：

（1）危害社会的行为，具有一定的社会危害性。

（2）刑法明确规定的行为，即具有刑事违法性。

（3）应受刑罚处罚的行为。

二、犯罪构成

每一种犯罪的成立都必须具备四个构成要件：犯罪客体、犯罪主体、犯罪客观方面和犯罪主观方面，如图 5－1 所示。

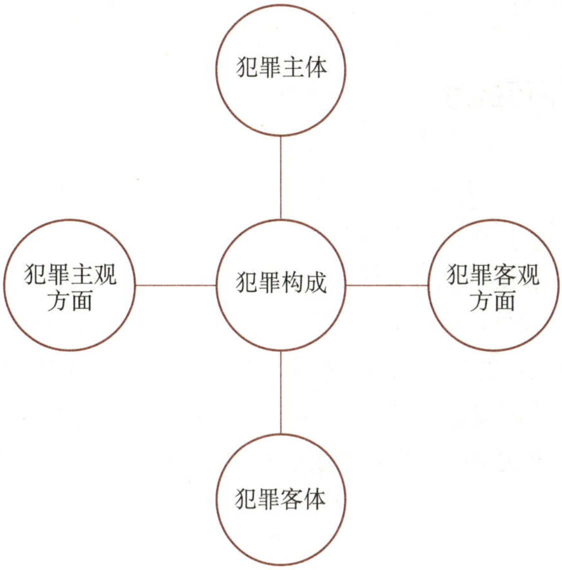

图 5－1 犯罪构成

三、犯罪的故意

我国《刑法》第 14 条规定，明知自己的行为会发生危害社会的结果，并且希望或者放任这种结果发生，因而构成犯罪的，是故意犯罪。

犯罪的故意应当具备两个要素：一是必须明知自己的行为会发生危害社会的结果，这是认识因素；二是希望或者放任危害结果的发生，这属于意志因素。“明知”是指行为人确切知道自己的行为将会产生某种危害社会的结果。“希望”在这里可以理解为对犯罪结果的积极追求，“放任”是指听之任之，不加干涉，既不追究危害结果的发生，也不阻止危害结果的发生。根据行为人对危害结果所持的心理态度，即犯罪故意的意志因素的不同，我们把犯罪故意分为直接故意和间接故意两种类型。

四、犯罪的过失

我国《刑法》第 15 条第 1 款是对过失犯罪的界定：“应当预见自己的行为可能

发生危害社会的结果，因为疏忽大意而没有预见，或者已经预见而轻信能够避免，以致发生这种结果的，是过失犯罪。”“应当预见”，是指行为人负有预见的义务而且能够预见。预见的义务，就是行为人在实施行为时，根据法律规定所负有的预见（注意）自己行为后果的责任。“可能发生”，是指具有发生的可能性。如果危害结果是必然发生的话，就不是过失，而是故意了。过失犯罪一般又分为过于自信的过失和疏忽大意的过失两类。

五、意外事件和不可抗力

我国《刑法》第 16 条规定：“行为在客观上虽然造成了损害结果，但是不是出于故意或者过失，而是由于不能抗拒或者不能预见的原因所引起的，不是犯罪。”这是我国刑法关于意外事件和不可抗力的规定。“不能预见的原因”是指行为人对其行为发生的损害结果不但未能预见，而且根据其实际认识能力和当时的具体条件，也根本不能预见。条文所称“不能抗拒”的原因，既可以来自自然灾害，如狂风、暴雨、山崩、地震等，也可以来自动物的侵害，还可以来自行为人自身的生理障碍。例如，汽车司机正驾车行驶时，突然心脏病发作，无法控制汽车，以致发生交通事故，就属于不可抗力。

六、违法与犯罪

狭义的违法是指违反行政法规的行为，比如违反我国《治安管理处罚法》的规定。治安案件追诉时效期限是 6 个月。《治安管理处罚法》针对的违法行为主要有：

（1）扰乱公共秩序的行为。

（2）妨害公共安全的行为。

（3）侵犯人身权利、财产权利的行为。

（4）妨害社会管理的行为。

犯罪肯定是违法，但违法并不一定构成犯罪。违法行为达到刑法所规定的犯罪程度，就上升为犯罪行为。

案例故事

杨氏三姐妹因孩子吵闹，在银行办事时与大堂经理发生口角。她们一气之下回家拿来存折，然后一人占了一个工作窗口，开始连续办理取款业务，并且每次只要求取出 1 元钱，持续时间长达 2 个小时。当天下午 4 时 20 分，公安机关在调查取证后，将杨女士等人带离银行，并以扰乱银行工作秩序为由对三姐妹各给予 5 日行政拘留处罚。

第三节　正当防卫和紧急避险

一、正当防卫的概念和特征

我国《刑法》第 20 条第 1 款对正当防卫作出了界定："为了使国家、公共利益、本人或者他人的人身、财产和其他权利免受正在进行的不法侵害，而采取的制止不法侵害的行为，对不法侵害人造成损害的，属于正当防卫，不负刑事责任。"

正当防卫具有以下特征：

（1）正当防卫必须是针对正在进行的不法侵害。

（2）防卫的目的必须正当。

（3）防卫行为的对象只能是不法侵害人本人。

（4）正当防卫不能明显超过必要限度造成重大损害。

案例故事

2024 年最高人民法院指导性案例 225 号

江某某系湖南省某校学生。因江某某在春游时与同班一位女同学聊天，邻班胡某认为江某某招惹其女朋友，要求江某某买烟赔礼道歉。之后江某某给胡某买了一包香烟，但胡某嫌烟不好不要，之后纠集了孙某某等 15 人，在厕所里殴打江某某。江某某用提前携带的同学用于开药瓶的多功能折叠刀（非管制刀具，刃长约 4.5 厘米）刺伤三人。

法院经过审理后认定江某某的行为构成正当防卫，因此不负刑事责任。首先，江某某在遭受同学霸凌时被迫反击，具有防卫意图。面对孙某某等人的霸凌，江某某明显处于被迫状态。其次，江某某在被殴打时实施防卫，符合正当防卫的时间条件。江某某两次持刀反击，均处于不法侵害现实发生的时间段内：(1) 面对 15 人的包围，被对方勒颈摔倒在地，并遭到群殴，不法侵害已现实发生。(2) 江某某倒地并被群殴持续约一分钟后，群殴行为虽然暂时停止，但是仍被对方从背后袭击并掌掴，不法侵害显然仍在进行之中，并未结束。最后，江某某因被殴打持刀防卫，没有明显超过必要限度。江某某系在被殴打的情况下被迫实施防卫，虽然不法侵害人未使用工具，江某某使用刀具反击，但是江某某防卫使用的折叠刀并非管制刀具，而对方多达15人，双方实力悬殊。江某某情急之下持刀自卫，在手段上合乎情理，反击行为限于对抗不法侵害，并非主动攻击对方，手段有所节制。故整体而言，防卫行为没有明显超过必要限度。

二、紧急避险的概念和特征

我国《刑法》第21条第1款规定："为了使国家、公共利益、本人或者他人的人身、财产和其他权利免受正在发生的危险，不得已采取的紧急避险行为，造成损害的，不负刑事责任。"

紧急避险具有以下特征：

（1）紧急避险必须有需要避免的危险存在。

（2）紧急避险的目的必须是保护国家、公共利益、本人或者他人的人身、财产和其他合法权利。

（3）避险行为必须是迫不得已的选择。

（4）避险行为不能超过必要限度造成不应有的损害。

第四节 犯罪的形态

一、故意犯罪的犯罪形态

故意犯罪的犯罪形态如图5-2所示。这里重点介绍犯罪未遂和犯罪中止。

（一）犯罪未遂

犯罪未遂是指行为人在着手实施犯罪的过程中，由于其意志以外的原因而未能完成犯罪的停止状态。它具有以下三个特征：

（1）行为人已经着手实施犯罪。

（2）犯罪未得逞，即行为人已实施危害行为，但未发生行为人所预期的结果。

（3）犯罪未得逞是因为犯罪分子意志以外的原因。

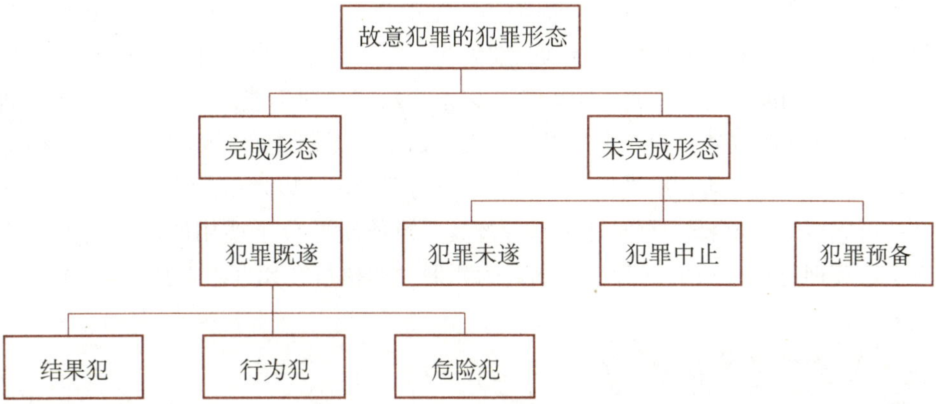

图 5－2　故意犯罪的犯罪形态

（二）犯罪中止

犯罪中止是指在犯罪过程中，自动放弃犯罪或者自动有效地防止犯罪结果发生，从而使犯罪停留在未完成状态。它的成立必须具备以下三个条件：

（1）发生在犯罪过程之中。

（2）必须是行为人自动放弃犯罪或自动有效地防止犯罪结果的发生。

（3）必须是彻底而不是暂时放弃原来的犯罪。

二、共同犯罪的犯罪形态

我国《刑法》第 25 条规定，共同犯罪是指二人以上共同故意犯罪。构成共同犯罪必须具备以下条件：

（1）犯罪人必须是二人以上。

（2）共同犯罪人之间必须具有共同的犯罪行为。

（3）共同犯罪人必须有共同犯罪的故意。

第五节　刑　罚

刑罚是刑法规定的对构成犯罪的人的罪行的制裁方法。

根据我国刑法的规定，刑罚分为主刑和附加刑。主刑的种类有：管制、拘役、有期徒刑、无期徒刑、死刑。附加刑的种类有：罚金、剥夺政治权利、没收财产。此外，对于犯罪的外国人，可以独立适用或者附加适用驱逐出境。

管制指对犯罪分子不予关押，但限制一定的自由，并进行社区矫正的刑罚方法。管制是主刑中最轻的一种刑罚。管制的期限为三个月以上二年以下，数罪并罚不能超过三年。拘役的期限为一个月以上六个月以下，数罪并罚不能超过一年。有期徒刑除数罪并罚和死缓改判外，为六个月以上十五年以下。无期徒刑指剥夺犯罪分子终身自由，并强制其参加劳动、接受教育和改造的刑罚方法，可以理解为终身监禁，但符合条件的可以减刑、假释。死刑是对罪行极其严重的犯罪分子适用的剥夺其生命的刑罚方法，死刑是最严厉的刑种。死刑分为死刑立即执行和死刑缓期执行（2 年）。

案例故事

许某案

2006 年 4 月 21 日，位于广州天河区黄埔大道西平云路的广州市商业银行的一台自动取款机（ATM），由于广电运通金融电子股份有限公司为其进行系统升级，一度出现故障。在当晚 10 点左右，许某发现，他在 ATM 里取了 1 000 元后，银行卡里才扣掉 1 元，他尝试性地再取一次钱，还是取 1 000 元扣 1 元。难以置信的许某利用一张余额仅 170 多元的银行卡，分 171 次从 ATM 中提取了 17.5 万元。在被银行发现后，许某携款潜逃。一年之后，他在陕西宝鸡火车站被警方抓获。2007 年 12 月，经过一审，广东省广州市中级人民法院将许某案定性为“盗窃金融机构，数额特别巨大”，判处许某“无期徒刑，剥夺政治权利终身，并处没收全部个人财产”。2008 年 2 月 22 日，案件重审；3 月 31 日，许某被判处 5 年有期徒刑；4 月 9 日，许某提起上诉；5 月 22 日，终审维持原判。

梁某案

2008 年 12 月 9 日，深圳机场清洁女工梁某看到一个小纸箱在行李车上无人看管，以为是乘客丢弃的，就顺手把小纸箱当作丢弃物清理到清洁车里，并放置在机场一残疾人卫生间内。后经同事打开查看，发现里面是一包包的黄金首饰。梁某获知后并未将该纸箱上交，而是于下午下班之时带回家中。梁某所拿纸箱其实是东莞一家珠宝公司王某携带的价值 261 万元的黄金首饰。王某因机场不予办理托运便暂时离开纸箱去往远处其他柜台找值班主任咨询，回来后发现纸箱不在，立即以被盗报案。公安机关随后查明是梁某拿走了纸箱，并前往梁某家带走了纸箱和梁某。2009 年 3 月 12 日，公安机关以涉嫌盗窃罪对梁某案出具起诉意见书。随后，检察机关以涉嫌盗窃罪正式批捕梁某。4 月 30 日，该案由深圳市检察院移送宝安检察院审查后，宝安检察院第一次将该案退回公安机关补充侦查。5 月 29 日，公安机关将补充侦查的梁某案移交检察院审查起诉。7 月 13 日，宝安检察院第二次将梁某案退回公安机关补充侦查。2009 年

10 月 10 日，深圳市公安机关作出撤案决定，在国内饱受关注的梁某案终于画上了句号。

知识链接

无罪推定原则

无罪推定最早是在启蒙运动中被作为一项思想原则提出来的。1764 年 7 月，意大利刑法学家贝卡利亚在其名著《论犯罪与刑罚》中，抨击了残酷的刑讯逼供和有罪推定，提出了无罪推定的理论构想："在法官判决之前，一个人是不能被称为罪犯的。只要还不能断定他已经侵犯了给予他公共保护的契约，社会就不能取消对他的公共保护。"

无罪推定是一种典型的直接推定，无须基础事实即可证明无罪这一推定事实的存在。换言之，证明被告犯罪的责任由控诉一方承担，被告人不负证明自己无罪的义务。

《中华人民共和国刑事诉讼法》第 12 条明确规定："未经人民法院依法判决，对任何人都不得确定有罪。"虽然该规定中没有出现"推定"或"假定"无罪的规范性表述，但却含有无罪推定的精神。同时，在该法第 200 条第 3 项还规定了罪疑从无原则，即"证据不足，不能认定被告人有罪的，应当作出证据不足、指控的犯罪不能成立的无罪判决"。

罪责自负原则

罪责自负原则，是指谁犯了罪，谁承担刑事责任，不得株连那些与犯罪分子有亲属关系而没有参与犯罪的人，即一人犯罪一人当；同时，任何人只对自己的不法行为承担责任，而不对他人的不法行为承担责任，即任何人不因他人的不法行为受处罚。

案例思考

2021 年 2 月 6 日晚，货拉拉司机周某某接到了女乘客车某的订单。途中，车某发现周某某改变了行车路线，试图跳下车逃跑，但落地后头部受重伤，经抢救无效死亡。2021 年 9 月 10 日，岳麓区人民法院作出一审判决，认定周某某犯过失致人死亡罪，判处有期徒刑一年，缓刑一年。周某某随即提出上诉。次年 1 月，长沙市中级人民法院依法作出二审裁定，驳回上诉，维持原判。

问题：你是如何看待此案的？

第六章 劳动及社会保障法

劳动是财富之父

任何一个民族，如果停止劳动，不用说一年，就是几个星期，也要灭亡

学习目标

知识目标

- 了解劳动及社会保障法的一般知识

素养目标

- 通过对劳动基准、劳动合同、劳动争议处理等内容的学习，感受到党和政府对劳动者的关怀，培养法治意识、人文情怀、职业道德观念等，对我国劳动与社保制度产生认同感和自豪感

知识要点

- 劳动法律关系
- 劳动基准
- 工资
- 职业安全卫生
- 劳动合同劳动争议处理
- 社会保障

第一节 劳动法概述

一、劳动法的概念

劳动法是调整劳动关系以及与劳动关系密切联系的其他社会关系的法律规范的总和。

制定劳动法的目的是保护劳动者的合法权益，维护、发展和谐稳定的劳动关系，建立和维护适应社会主义市场经济的劳动制度，促进经济发展和社会进步。

二、劳动法律关系的当事人

劳动法律关系是当事人依据劳动法律规范，在实现劳动过程中形成的权利义务关系。劳动法律关系的当事人包括劳动者和用人单位。

（一）劳动者

劳动者是具有劳动能力，以从事劳动获取合法劳动报酬的自然人。自然人要成为劳动者，须具有劳动权利能力和劳动行为能力。劳动权利能力，是指自然人能够依法享有劳动权利和承担劳动义务的资格或能力；劳动行为能力，是指自然人能够以自己的行为依法行使劳动权利和履行劳动义务的能力。根据我国劳动法的规定，年满 16 周岁、有劳动能力的公民是具有劳动权利能力和劳动行为能力的人。即劳动者的法定最低就业年龄为 16 周岁。除法律另有规定以外，任何单位不得与未满 16 周岁的未成年人发生劳动法律关系。对有可能危害未成年人健康、安全或道德的职业或工作，最低就业年龄不应低于 18 周岁。用人单位不得招用已满 16 周岁未满 18 周岁的未成年人从事过重、有毒、有害的劳动或者危险作业。凡用人单位使用童工的，由劳动保障行政部门按每使用一名童工每月处 5 000 元罚款的标准给予处罚；童工患病或者受伤的，用人单位应当负责将其送到医疗机构治疗，并负担治疗期间的全部医疗和生活费用。拐骗童工，强迫童工劳动，使用童工从事高空、井下、放射性、高毒、易燃易爆以及国家规定的第四级体力劳动强度的劳动，使用不满 14 周岁的童工，或造成童工死亡或严重伤残的，依照刑法关于拐卖儿童罪、强迫劳动罪或者其他罪的规定追究刑事责任。

根据我国劳动法的规定，劳动者的劳动权利主要有：

（1）平等就业和选择职业的权利。

（2）取得劳动报酬的权利。

（3）休息休假的权利。

（4）获得劳动安全卫生保护的权利。

（5）接受职业技能培训的权利。

（6）享受社会保险和福利的权利。

（7）依法参加工会和参与职工民主管理的权利。

（8）提请劳动争议处理的权利。

（9）法律规定的其他劳动权利。

劳动者的劳动义务主要有：

（1）按时完成劳动任务。

（2）提高职业技能。

（3）执行劳动安全卫生规程。

（4）遵守劳动纪律和职业道德。

（5）爱护和保卫公共财产。

（6）保守国家秘密和用人单位商业秘密等。

（二）用人单位

用人单位是指依法使用和管理劳动者并付给其劳动报酬的单位。在我国，用人单位可以是依法成立的企事业单位、国家机关和社会团体，也可以是个体经济组织。

作为劳动法律关系主体的用人单位，也应具有相应的主体资格，即同时具有用人权利能力和用人行为能力。用人权利能力是指用人单位依法享有的用人权利和承担用人义务的资格或能力；用人行为能力是指用人单位能够以自己的行为依法行使用人权利和履行用人义务的能力。用人单位的用人权利能力和用人行为能力的范围取决于法律、法规的规定及用人单位的用人需求。

用人单位的权利主要有：

（1）招工权，即用人单位根据本单位需要招用职工的权利。

（2）用人权，即用人单位依照法律和合同的规定，使用和管理劳动者的权利。

（3）奖惩权，即用人单位依照法律和本单位的劳动纪律，决定对职工奖惩的权利。

（4）分配权，即用人单位在法律和合同规定的范围内，决定劳动报酬分配的权利。

三、劳动基准

劳动法对劳动关系的协调是以劳动标准为基础的，劳动基准就是劳动条件的最低标准。劳动基准法就是在劳动法中规定和确认一系列劳动标准，要求用人单位必须遵守，要求用人单位向劳动者提供的劳动条件只能等于或优于劳动基准，劳动合同和集体合同中约定的劳动条件不得低于劳动基准，以保证劳动者权益的实现。劳动基准法主要由规定劳动标准的各项法律制度所构成，包括工时标准、最低工资标准、职业安全卫生法等。

四、工作时间和休息休假

（一）工作时间的概念和种类

工作时间又称劳动时间，是指法律规定的劳动者在一昼夜和一周内从事劳动的时间。它包括每日工作的小时数，每周工作的天数和小时数。工作时间的种类如下：

（1）标准工作时间，又称标准工时。这是指法律规定的在一般情况下普遍适用的，按照正常作息办法安排的工作日和工作周的工时制度。我国的标准工时为劳动者每日工作 8 小时，每周工作 40 小时，在 1 周（7 日）内工作 5 天。实行计件工作的劳动者，用人单位应当根据每日工作 8 小时、每周工作 40 小时的工时制度，合理确定其劳动定额和计件报酬标准。

（2）缩短工作时间。这是指法律规定的在特殊情况下劳动者的工作时间长度少于标准工作时间的工时制度，即每日工作少于 8 小时。缩短工作时间适用于：1）从事矿山井下、高山、有毒有害、特别繁重或过度紧张等作业的劳动者；2）从事夜班工作的劳动者；3）哺乳期内的女职工。

（3）延长工作时间。这是指超过标准工作日的工作时间，即日工作时间超过 8 小时，每周工作时间超过 40 小时。延长工作时间必须符合法律、法规的规定。

（4）不定时工作时间和综合计算工作时间。不定时工作时间，又称不定时工作制，是指无固定工作时数限制的工时制度。适用于工作性质和职责范围不受固定工作时间限制的劳动者，如企业中的高级管理人员、外勤人员、推销人员、部分值班人员，从事交通运输的工作人员，以及其他因生产特点、工作特殊需要或职责范围的关系，适合实行不定时工作制的职工等。综合计算工作时间，又称综合计算工时工作制，是指以一定时间为周期，集中安排并综合计算工作时间和休息时间的工时制度。即分别以周、月、季、年为周期综合计算工作时间，但其平均日工作时间和平均周工作时间应与法定标准工作时间基本相同。对符合下列条件之一的职工，可以实行综合计算工作时间：1）交通、铁路、邮政、电信、水运、航空、渔业等行业中因工作性质特殊，需连续作业的职工；2）地质及资源勘探、建筑、制盐、制糖、旅游等受季节和自然条件限制的行业的部分职工；3）其他适合实行综合计算工时工作制的职工。

实行不定时工作制和综合计算工时工作制的企业，应根据劳动法的有关规定，与工会和劳动者协商，履行审批手续，在保障职工身体健康并充分听取职工意见的基础上，采用集中工作、集中休息、轮流调休、弹性工作时间等适当方式，确保职工的休息休假权利和生产、工作任务的完成。对于实行不定时工作制的劳动者，企业应根据标准工时制度合理确定劳动者的劳动定额或其他考核标准，以便安排劳动者休息。其工资由企业按照本单位的工资制度和工资分配办法，根据劳动者的实际工作时间和完成劳动定额情况计发。对于符合带薪年休假条件的劳动者，企业可安排其享受带薪年休假。实行综合计算工时工作制的企业，在综合计算周期内，某一具体日（或周）的实际工作时间可以超过 8 小时（或 40 小时），但综合计算周期内的总实际工作时间不应超过总法定标准工作时间，超过部分应视为延长工作时间，并按《劳动法》第 44 条第 1 项的规定支付工资报酬，其中法定休假日安排劳动者工作的，按《劳动法》第 44 条第 3 项的规定支付工资报酬。而且，延长工作时间的小时数平均每月不得超过 36 小时。

（二）休息休假的概念和种类

休息休假是指劳动者为行使休息权，在国家规定的法定工作时间以外，不从事生产或工作而自行支配的时间。

1. 休息时间的种类

（1）工作日内的间歇时间。这是指在工作日内给予劳动者休息和用膳的时间。一般为 1～2 小时，最少不得少于半小时。

（2）工作日间的休息时间。即两个邻近工作日之间的休息时间，一般不少于 16 小时。

（3）公休假日，又称周休息日。这是劳动者在 1 周（7 日）内享有的休息日。公休假日一般为每周 2 天，一般安排在周六和周日休息。不能实行国家标准工时制度的企业和事业单位，可根据实际情况灵活安排周休息日，应当保证劳动者每周至少休息 1 天。

2. 休假的种类

（1）法定节假日。这是指法律规定用于开展纪念、庆祝活动的休息时间。我国的法定节假日有：元旦休息 1 天；春节休息 4 天；清明节休息 1 天；国际劳动节休息 2 天；端午节休息 1 天；中秋节休息 1 天；国庆节休息 3 天；法律、法规规定的其他休假节日。

（2）探亲假。这是指劳动者享有保留工资、工作岗位而同分居两地的父母或配偶团聚的假期。探亲假适用于工作满 1 年的职工。

（3）年休假。这是指职工工作满一定年限，每年可享有的带薪连续休息的时间。《劳动法》第 45 条规定："国家实行带薪年休假制度。劳动者连续工作一年以上的，享受带薪年休假。具体办法由国务院规定。"

（三）加班加点的法律规定

加班是指劳动者在法定节日或公休假日从事生产或工作。加点是指劳动者在标准工作时间以外延长工作的时间。加班加点又统称为延长工作时间。为保证劳动者休息权的实现，劳动法规定任何单位和个人不得擅自延长职工的工作时间。

1. 一般情况下加班加点的规定

《劳动法》第 41 条规定："用人单位由于生产经营需要，经与工会和劳动者协商后可以延长工作时间，一般每日不得超过一小时；因特殊原因需要延长工作时间的，在保障劳动者身体健康的条件下延长工作时间每日不得超过三小时，但是每月不得超过三十六小时。”

2. 特殊情况下加班加点的规定

根据《劳动法》第42条的规定，有下列情形之一的，延长工作时间不受《劳动法》第41条的限制：

（1）发生自然灾害、事故或者因其他原因，威胁劳动者生命健康和财产安全，需要紧急处理的。

（2）生产设备、交通运输线路、公共设施发生故障，影响生产和公共利益，必须及时抢修的。

（3）法律、行政法规规定的其他情形。

3. 加班加点的工资标准

（1）安排劳动者延长工作时间的，支付不低于工资的150%的工资报酬。

（2）休息日安排劳动者工作又不能安排补休的，支付不低于工资的200%的工资报酬。

（3）法定休假日安排劳动者工作的，支付不低于工资的300%的工资报酬。

4. 监督检查措施

县级以上各级人民政府劳动行政部门对本行政区域内的用人单位组织劳动者加班加点的情况依法进行监督检查，根据不同情况，予以行政处罚：

（1）用人单位未与工会或劳动者协商，强迫劳动者延长工作时间的，给予警告，责令改正，并可按每名劳动者延长工作时间每小时罚款100元以下的标准处罚。

（2）用人单位每日延长劳动者工作时间超过3小时或每月延长工作时间超过36小时的，给予警告，责令改正，并可按每名劳动者每超过工作时间1小时罚款100元以下的标准处罚。

（四）非全日制用工

1. 非全日制用工的概念

非全日制用工，是指以小时计酬为主，劳动者在同一用人单位一般平均每日工作时间不超过4小时，每周工作时间累计不超过24小时的用工形式。

2. 非全日制用工的特征

（1）劳动者的工作时间短，即平均每日工作时间不超过4小时，每周工作时间累计不超过24小时。

（2）合同形式自由，可以采用口头形式订立。

（3）非全日制劳动者在不影响先订立劳动合同履行的前提下，可以与多个用人单位订立劳动合同。

（4）任何一方当事人都可以随时通知对方终止用工，且用人单位无须支付经济补偿金。

3. 非全日制用工的其他特殊规定

非全日制用工双方当事人不得约定试用期。非全日制用工小时计酬标准不得低于用人单位所在地人民政府规定的最低小时工资标准。非全日制用工劳动报酬结算支付周期最长不得超过 15 日。

五、工资法律制度

（一）工资的含义

工资是指用人单位依据国家有关规定和集体合同、劳动合同约定的标准，根据劳动者所提供劳动的数量和质量，以货币形式支付给劳动者的劳动报酬。

（二）工资形式

工资形式是指计量劳动和支付劳动报酬的方式。企业可根据本单位的生产经营特点和经济效益，依法自主确定本单位的工资分配形式。我国的工资形式主要有下述几种。

1. 计时工资

计时工资是按单位时间工资标准和劳动者实际工作时间计付劳动报酬的工资形式。我国常见的有小时工资、日工资、月工资。

2. 计件工资

计件工资是按照劳动者生产合格产品的数量或作业量以及预先规定的计件单价支付劳动报酬的一种工资形式。计件工资是计时工资的转化形式。

3. 奖金

奖金是给予劳动者的超额劳动报酬和增收节支的物质奖励。奖金可分为月度奖、季度奖和年度奖，经常性奖金和一次性奖金，综合奖和单项奖等。

4. 津贴

津贴是对劳动者在特殊条件下的额外劳动消耗或额外费用支出给予物质补偿的一种工资形式。主要有岗位津贴、保健性津贴、技术性津贴等。

5. 补贴

补贴是为了保障劳动者的生活水平不受特殊因素的影响而支付给劳动者的工资形式。它与劳动者的劳动没有直接联系，其发放依据主要是国家有关政策规定，如物价补贴、边远地区生活补贴等。

6. 特殊情况下的工资

特殊情况下的工资是对非正常工作情况下的劳动者依法支付工资的一种工资形式。主要有：加班加点工资，事假、病假、婚假、探亲假等期间的工资，以及履行国家和社会义务期间的工资等。

（三）工资分配原则

（1）工资总量宏观调控原则。

（2）用人单位自主分配、劳动者参与工资分配过程原则。

（3）按劳分配为主体、多种分配方式并存原则。

（4）同工同酬原则。根据我国《宪法》第48条的规定，国家保护妇女的权利和利益，实行男女同工同酬。

（5）工资水平随经济发展逐步提高原则。

（四）工资支付保障

工资支付保障是为保障劳动者劳动报酬权的实现，防止用人单位滥用工资分配权而制定的有关工资支付的一系列规则。工资支付保障主要包括如下内容：

（1）工资应以法定货币支付，不得以实物及有价证券代替货币支付。

（2）工资应在用人单位与劳动者约定的日期支付。工资一般按月支付，至少每月支付一次。实行周、日、小时工资制的，可按周、日、小时支付。

（3）劳动者依法享受年休假、探亲假、婚假、丧假期间，以及依法参加社会活动期间，用人单位应按劳动合同规定的标准支付工资。

（4）工资应支付给劳动者本人，也可由劳动者家属或委托他人代领，用人单位可委托银行代发工资。

（5）工资应依法足额支付，除法定或约定允许扣除工资的情况外，严禁非法克扣或无故拖欠劳动者工资。

（6）对代扣工资的限制。用人单位不得非法克扣劳动者工资，有下列情况之一的，用人单位可以代扣劳动者工资：1）用人单位代扣代缴的个人所得税。2）用人单位代扣代缴的应由劳动者个人负担的社会保险费用。3）用人单位依审判机关判决、裁定扣除劳动者工资。依照人民法院判决、裁定，用人单位可以从应负法律责任的劳动者工资中扣除其应负担的扶养费、赡养费、抚养费和损害赔偿等款项。4）法律、法规规定可以从劳动者工资中扣除的其他费用。

（7）对扣除工资金额的限制。因劳动者本人原因给用人单位造成经济损失的，用人单位可以按照劳动合同的约定要求劳动者赔偿其经济损失。经济损失的赔偿，可从劳动者本人的工资中扣除，但每月扣除金额不得超过劳动者月工资的20%；若扣除后的余额低于当地月最低工资标准的，则应按最低工资标准支付。

（8）用人单位依法破产时，劳动者有权获得其工资。在破产清算时，用人单位应按企业破产法规定的清偿顺序，首先支付本单位劳动者的工资。

（五）最低工资保障

我国最低工资保障制度是国家通过立法，强制规定用人单位支付给劳动者的工资不得低于国家规定的最低工资标准，以保障劳动者能够满足其自身及家庭成员基本生活需要的法律制度。最低工资保障制度是国家对劳动力市场的运行进行干预的一种重要手段。最低工资是指劳动者在法定工作时间内提供了正常劳动的前提下，其所在用人单位应支付的最低劳动报酬。最低工资的支付以劳动者在法定工作时间内提供了正常劳动为条件。劳动者因探亲、结婚、直系亲属死亡按照规定休假期间，以及依法参加国家和社会活动，视为提供了正常劳动，用人单位支付给劳动者的工资不得低于其适用的最低工资标准。劳动者与用人单位形成或建立劳动关系后，试用、熟练、见习期间，在法定工作时间内提供了正常劳动，其所在的用人单位应当支付不低于最低工资标准的工资。

最低工资不包括下列各项：（1）加班加点工资；（2）中班、夜班、高温、低温、井下、有毒有害等特殊工作环境条件下的津贴；（3）国家法律、法规和政策规定的劳动者保险、福利待遇；（4）用人单位通过贴补伙食、住房等支付给劳动者的非货币性收入。

六、职业安全卫生法

（一）职业安全卫生法的概念和特征

职业安全卫生法，是指以保护劳动者在职业劳动过程中的安全和健康为宗旨，以劳动安全卫生规则等为内容的法律规范的总称。职业安全卫生法的立法目的是减少和避免因工伤亡事故以及职业危害、职业中毒和职业病。

职业安全卫生法与其他劳动法规相比，有其独有的特征：

（1）保护对象的特定性。职业安全卫生法保护的对象是特定的，即保护的是劳动者在生产、劳动过程中的生命安全和健康。

（2）法规内容具有技术性。职业安全卫生法主要由劳动安全、劳动卫生技术规程和标准组成，是具有技术性的法律规范。

（3）法律规范多为强制性和禁止性规范。

（二）职业安全卫生法律制度的内容

1. 职业安全卫生工作的方针和制度

职业安全卫生包括职业安全、职业卫生两类。职业安全是为防止和消除劳动过程中的伤亡事故而制定的各种法律规范；职业卫生是为保护劳动者在劳动过程中的健康，预防和消除职业病、职业中毒和其他职业危害而制定的各种法律规范。我国职业安全卫生工作的方针是：安全第一，预防为主。

职业安全卫生制度主要包括：职业安全卫生标准制度、安全生产保障制度、职业卫生与职业病防治制度、职业安全卫生责任制度、职业安全教育制度、职业安全卫生认证制度、安全卫生设施“三同时”制度、安全卫生检查与监察制度、伤亡事故报告处理制度等内容。

2. 女职工的特殊劳动保护

女职工特殊劳动保护，是指根据女职工生理特点和抚育子女的需要，对其在劳动过程中的安全健康所采取的有别于男子的特殊保护。

为保护女职工的身体健康，法律规定禁止安排女职工从事矿山井下、国家规定的第四级体力劳动强度的劳动和其他禁忌从事的劳动；不得安排女职工在经期从事高处、低温、冷水作业和国家规定的第三级体力劳动强度的劳动；不得安排女职工在怀孕期间从事国家规定的第三级体力劳动强度的劳动和孕期禁忌从事的劳动；对怀孕 7 个月以上的女职工，不得安排其延长工作时间和夜班劳动；女职工生育享受不少于 98 天的产假；不得安排女职工在哺乳未满 1 周岁的婴儿期间从事国家规定的第三级体力劳动强度的劳动和哺乳期禁忌从事的其他劳动，不得安排其延长工作时间和夜班劳动。

3. 未成年工的特殊劳动保护

未成年工是指年满 16 周岁、未满 18 周岁的劳动者。对未成年工特殊劳动保护的措施主要有：

（1）上岗前培训。未成年工上岗前，用人单位应对其进行有关的职业安全卫生教育培训。

（2）禁止安排未成年工从事有害健康的工作。用人单位不得安排未成年工从事矿山井下、有毒有害、国家规定的第四级体力劳动强度和其他禁忌从事的劳动。

（3）用人单位应提供适合未成年工身体发育的生产工具等。

（4）用人单位应对未成年工定期进行健康检查。

第二节 劳动合同

一、劳动合同的概念和特征

劳动合同，是指劳动者与用人单位之间确立劳动关系，明确双方权利和义务的书面协议。我国《劳动合同法》明确规定，建立劳动关系应当订立书面劳动合同。

劳动合同具有以下特征：

（1）劳动合同的主体具有特定性。即劳动合同的主体一方是劳动者，另一方是用人单位。

（2）劳动合同具有从属性。即劳动者在身份、组织、经济上从属于用人单位。

（3）劳动合同具有法定性。劳动合同的内容大多由法律作了强制性规定。

（4）劳动合同是诺成、双务、有偿、要式合同。

二、劳动合同的种类和形式

（一）劳动合同的种类

按照合同期限的不同，劳动合同可分为固定期限、无固定期限和以完成一定工作为期限的劳动合同。

1. 固定期限劳动合同

固定期限劳动合同，又称定期劳动合同，是指劳动合同双方当事人明确约定合同有效的起始日期和终止日期的劳动合同。期限届满，合同即告终止。双方当事人可根据生产、工作的需要确定劳动合同的期限。为保护劳动者的身体健康，劳动法规定从事矿山井下以及其他有害身体健康的工种、岗位工作的劳动者，实行定期轮换制度，合同期限最长不得超过 8 年。固定期限劳动合同适用范围比较广泛，灵活性较强。

2. 无固定期限劳动合同

无固定期限劳动合同，又称不定期劳动合同，是指劳动合同双方当事人只约定合同的起始日期，不约定其终止日期的劳动合同。对于无固定期限劳动合同，只要不出现法律、法规或合同约定的可以变更、解除、终止劳动合同的情况，双方当事人就不得擅自变更、解除、终止劳动关系。按照平等自愿、协商一致的原则，用人单位和劳动者只要达成一致，无论是初次就业的还是由固定工转制的，都可以签订无固定期限劳动合同。

有下列情形之一，劳动者提出或者同意续订、订立劳动合同的，除劳动者提出订立固定期限劳动合同外，应当订立无固定期限劳动合同：

（1）劳动者在该用人单位连续工作满 10 年的。

（2）用人单位初次实行劳动合同制度或者国有企业改制重新订立劳动合同时，劳动者在该用人单位连续工作满 10 年且距法定退休年龄不足 10 年的。

（3）连续订立两次固定期限劳动合同，且劳动者没有《劳动合同法》第 39 条和第 40 条第 1 项、第 2 项规定的情形，续订劳动合同的。

用人单位自用工之日起满一年不与劳动者订立书面劳动合同的，视为用人单位与劳动者已订立无固定期限劳动合同。

法律规定无固定期限劳动合同签订条件的目的在于保护劳动者的“黄金年龄”。用人单位应当与劳动者签订无固定期限劳动合同而未签订的，人民法院可以视为双方之间存在无固定期限劳动合同关系，并以原劳动合同确定双方的权利义务关系。无固定期限的劳动合同不得将法定解除条件约定为终止条件，以规避解除劳动合同时用人单位依法应承担的支付劳动者经济补偿金的义务。

3. 以完成一定工作为期限的劳动合同

以完成一定工作为期限的劳动合同，是指劳动合同双方当事人将完成某项工作或工程作为合同有效期限的劳动合同。合同中不明确约定合同的起止日期，以某项工作或工程完工之日为合同终止之时。它一般适用于建筑业、临时性、季节性的工作或由于其工作性质可以采取此种合同期限的工作岗位。

（二）劳动合同的形式

我国劳动法规定劳动合同应当以书面形式订立，即应采用书面协议。其书面形式有主件、附件之分，劳动合同的主件即为劳动合同书，附件一般指作为劳动合同书补充内容的书面文件，如岗位协议书、专项劳动协议、用人单位依法制定的劳动规章制度等。主件与附件一同对双方当事人的权利和义务作出明确约定，并具有同等的法律效力。用人单位根据劳动法的规定，通过民主程序制定的规章制度，不违反国家法律、行政法规及政策规定，并已向劳动者公示的，可以作为人民法院审理劳动争议案件的依据。

三、劳动合同订立的原则

《劳动法》第 17 条第 1 款规定："订立和变更劳动合同，应当遵循平等自愿、协商一致的原则，不得违反法律、行政法规的规定。"根据这一规定，订立和变更劳动合同必须遵循下述原则。

（一）平等自愿、协商一致原则

平等是指在订立劳动合同的过程中，双方当事人的法律地位平等，不存在命令与服从的关系；自愿是指劳动合同的订立及合同内容的达成，完全出于当事人自己的意志，是其真实意思的表示，任何一方不得将自己的意志强加于对方，也不允许第三者非法干预；协商一致是指经过双方当事人充分协商，达成一致意见，签订劳动合同。

（二）合法原则

即劳动合同必须依法订立，不得违反法律、行政法规的规定。凡属强制性、禁止性规定，均应严格遵守。合法原则的具体要求如下：

（1）劳动合同的主体合法。即劳动合同的当事人必须具备合法资格，劳动者应是年满 16 周岁、身体健康、具有劳动权利能力和劳动行为能力的自然人，可以是中国人、外国人、无国籍人。用人单位应是依法成立或核准登记的企业、个体经济组织、国家机关、事业组织、社会团体，具有用人的权利能力和行为能力。

（2）劳动合同的内容合法。劳动合同的内容是对劳动合同双方当事人劳动权利义务的具体约定，其内容必须符合国家法律、行政法规的规定，包括国家的劳动法律、法规，也包括国家的其他法律、行政法规。劳动合同内容不得违反法律、行政法规，否则会导致劳动合同的无效或部分无效。

（3）劳动合同订立的程序和形式合法。劳动合同订立的程序必须符合法律规定，未经双方协商一致、强迫订立的劳动合同无效。劳动合同的形式依法律规定应当采用书面形式。

四、劳动合同的内容

劳动合同的内容是劳动者与用人单位在平等协商的基础上就双方的权利义务达成的具体条款，即劳动合同的条款。一般分为必备条款和可备条款。

（一）必备条款

必备条款是法律规定的生效劳动合同必须具备的条款。根据《劳动合同法》第17条的规定，劳动合同应当具备以下条款：

（1）用人单位的名称、住所和法定代表人或者主要负责人。

（2）劳动者的姓名、住址和居民身份证或者其他有效身份证件号码。

（3）劳动合同期限。

（4）工作内容和工作地点。

（5）工作时间和休息休假。

（6）劳动报酬。

（7）社会保险。

（8）劳动保护、劳动条件和职业危害防护。

（9）法律、法规规定应当纳入劳动合同的其他事项。

（二）可备条款

可备条款是法律规定的生效劳动合同可以具备的条款。当事人可以协商约定可备条款，缺少可备条款不影响劳动合同的成立。根据我国劳动法的规定，可备条款包括：

（1）试用期条款。对劳动合同的试用期，我国《劳动合同法》作出了限制性规定：劳动合同期限3个月以上不满1年的，试用期不得超过1个月；劳动合同期限1年以上不满3年的，试用期不得超过2个月；3年以上固定期限和无固定期限的劳动合同，试用期不得超过6个月。以完成一定工作任务为期限的劳动合同或者劳动合同期限不满3个月的，不得约定试用期。同一用人单位与同一劳动者只能约定一次试用期。试用期包含在劳动合同期限内。劳动合同仅约定试用期的，试用期不成立，该期限为劳动合同期限。

（2）保守商业秘密条款。

（3）禁止同业竞争条款。

（4）培训条款。

（5）补充保险和福利待遇条款。

除以上必备条款和可备条款外，我国劳动法还规定了禁止双方当事人在合同中约定的内容，即用人单位在与劳动者订立劳动合同时，不得以任何形式向劳动者收取定金、保证金（物）或抵押金（物）。对违反规定的，由公安部门和劳动行政部门责令用人单位立即退还给劳动者本人。

五、劳动合同的效力

劳动合同依法成立，即具有法律效力，对双方当事人都有约束力，双方必须履行劳动合同中规定的义务。一般情况下，劳动合同依法成立，即双方当事人意思表示一致，劳动合同签订之日，就产生法律效力。

劳动合同的无效是指当事人违反法律、法规，订立的不具有法律效力的劳动合同。劳动合同无效的情形：

（1）订立劳动合同的主体不合法，即合同双方当事人不具备法律规定的主体资格。

（2）订立劳动合同的程序或形式不合法。

（3）违反法律、行政法规的劳动合同。

（4）采用欺诈、威胁等手段订立的劳动合同。

劳动合同无效的，由劳动争议仲裁委员会或者人民法院确认。无效的劳动合同，从订立时起，就没有法律效力。确认劳动合同部分无效的，如果不影响其余部分的效力，其余部分仍然有效。

无效劳动合同的法律后果有：

（1）撤销劳动合同。适用于被确认为全部无效的劳动合同。被确认为无效的劳动合同，尚未履行的，不得履行；正在履行的，停止履行。对已经履行部分，应按事实劳动关系对待，劳动者付出劳动的，应得到相应的报酬和有关待遇。用人单位对劳动者付出的劳动，一般可参照本单位同期、同工种、同岗位的工资标准支付劳动报酬。

（2）修正劳动合同。适用于被确认部分无效的劳动合同及因程序不合法而无效的劳动合同。

（3）赔偿损失。由于用人单位原因订立的无效劳动合同，对劳动者造成损害的，应承担赔偿责任。

六、劳动合同的履行、变更与终止

（一）劳动合同的履行

劳动合同的履行是指劳动合同的双方当事人按照合同规定，履行各自应承担的义务的行为。劳动合同依法订立即具有法律约束力，当事人必须履行合同规定的义务。任何第三方不得非法干预劳动合同的履行。履行劳动合同应遵循如下原则：

（1）亲自履行原则。

（2）全面履行原则。

（3）协作履行原则。

（二）劳动合同的变更

劳动合同的变更是指当事人双方对尚未履行或尚未完全履行的劳动合同，依照法律规定的条件和程序，对原劳动合同进行修改或增删的法律行为。劳动合同变更应遵守平等自愿、协商一致原则，不得违反法律、行政法规的规定。

（三）劳动合同的终止

劳动合同的终止是指符合法律规定或当事人约定的情形时，劳动合同的效力即行终止。我国劳动法规定：劳动合同期满或者当事人约定的劳动合同终止条件出现，劳动合同即行终止。能够引起劳动合同终止的情形有：

（1）劳动合同期限届满。

（2）劳动合同约定的终止条件出现。

（3）劳动者达到法定退休条件。

（4）用人单位依法破产或依法被解散、关闭、撤销。

（5）劳动者完全丧失劳动能力或死亡。

（6）法律、法规规定的其他情况。

劳动合同期满后，劳动者仍在原用人单位工作，原用人单位未表示异议的，视为双方同意以原条件继续履行劳动合同。一方提出终止劳动关系的，人民法院应当支持。

七、劳动合同的解除

劳动合同的解除是指劳动合同当事人在劳动合同期限届满之前依法提前终止劳动合同关系的法律行为。

（一）解除劳动合同的方式

劳动合同的解除可分为双方协商解除、用人单位单方解除、劳动者单方解除等。

1. 双方协商解除劳动合同

经劳动合同当事人协商一致，可以解除劳动合同。但如果是由用人单位提出解除的，用人单位应向劳动者支付解除劳动合同的经济补偿金。

2. 用人单位单方解除劳动合同

具备法律规定的条件时，用人单位享有单方解除权，无须双方协商达成一致意见。用人单位单方解除劳动合同有三种情况：

（1）随时解除（过失性辞退），即用人单位无须以任何形式提前告知劳动者，可随时通知劳动者解除劳动合同，且用人单位无须支付劳动者解除劳动合同的经济补偿金。随时解除劳动合同一般适用于试用期内因劳动者不符合录用条件或者劳动者有严重违纪、违法的情形。《劳动合同法》第 39 条规定，劳动者有下列情形之一的，用人单位可以解除劳动合同：1）在试用期间被证明不符合录用条件的；2）严重违反用人单位的规章制度的；3）严重失职，营私舞弊，给用人单位造成重大损害的；4）劳动者同时与其他用人单位建立劳动关系，对完成本单位的工作任务造成严重影响，或者经用人单位提出，拒不改正的；5）因本法第 26 条第 1 款第 1 项规定的情形致使劳动合同无效的；6）被依法追究刑事责任的。

（2）无过失性辞退，即用人单位提前 30 日以书面形式通知劳动者本人解除劳动合同。《劳动合同法》第 40 条规定，有下列情形之一的，用人单位提前 30 日以书面形式通知劳动者本人或者额外支付劳动者一个月工资后，可以解除劳动合同：1）劳动者患病或者非因工负伤，在规定的医疗期满后不能从事原工作，也不能从事由用人单位另行安排的工作的；2）劳动者不能胜任工作，经过培训或者调整工作岗位，仍不能胜任工作的；3）劳动合同订立时所依据的客观情况发生重大变化，致使劳动合同无法履行，经用人单位与劳动者协商，未能就变更劳动合同内容达成协议的。

（3）经济性裁员，指用人单位濒临破产进行法定整顿期间或者生产经营状况发生严重困难，用人单位为改善生产经营状况而辞退部分劳动者。《劳动合同法》第 41 条规定，有下列情形之一，需要裁减人员 20 人以上或者裁减不足 20 人但占企业职工总数 10%以上的，用人单位提前 30 日向工会或者全体职工说明情况，听取工会或者职工的意见后，裁减人员方案经向劳动行政部门报告，可以裁减人员：1）依照企业破产法规定进行重整的；2）生产经营发生严重困难的；3）企业转产、重大技术革新或者经营方式调整，经变更劳动合同后，仍需裁减人员的；4）其他因劳动合同订立时所依据的客观经济情况发生重大变化，致使劳动合同无法履行的。

依照法律规定，用人单位裁减人员时，应当优先留用下列人员：与本单位订立较长期限的固定期限劳动合同的；与本单位订立无固定期限劳动合同的；家庭无其他就业人员，有需要扶养的老人或者未成年人的。

用人单位经济性裁减人员后，在 6 个月内重新招用人员的，应当通知被裁减的人员，并在同等条件下优先招用被裁减的人员。

对由于经济性裁员而解除劳动合同的劳动者，用人单位应承担支付经济补偿金的义务。

为保护劳动者的合法权益，防止用人单位滥用解除权，《劳动合同法》除规定上述劳动合同的解除条件和程序外，还规定了禁止解除劳动合同的条件。《劳动合同法》第 42 条规定，劳动者有下列情形之一的，用人单位不得依照本法第 40 条、第 41 条的规定解除劳动合同：1）从事接触职业病危害作业的劳动者未进行离岗前职业健康检查，或者疑似职业病病人在诊断或者医学观察期间的；2）在本单位患职业病或者因工负伤并被确认丧失或者部分丧失劳动能力的；3）患病或者非因工负伤，在规定的医疗期内的；4）女职工在孕期、产期、哺乳期的；5）在本单位连续工作满 15 年，且距法定退休年龄不足 5 年的；6）法律、行政法规规定的其他情形。

3. 劳动者单方解除劳动合同

在法定情形下，劳动者享有单方解除权，无须征得用人单位的同意，也不承担法律责任。

（1）预告解除，即劳动者应当提前30日以书面形式通知用人单位后，方可解除劳动合同。在试用期内，劳动者提前3日通知用人单位，可以解除劳动合同。预告解除劳动合同时，劳动者无须说明任何法定事由，只需履行预先书面告知用人单位的义务即可解除劳动合同。

（2）无须预告的解除，即劳动者不需提前预先告知用人单位，只要具备法律规定的情形，劳动者可随时通知用人单位解除劳动合同。《劳动合同法》第38条规定，用人单位有下列情形之一的，劳动者可以解除劳动合同：1）未按照劳动合同约定提供劳动保护或者劳动条件的；2）未及时足额支付劳动报酬的；3）未依法为劳动者缴纳社会保险费的；4）用人单位的规章制度违反法律、法规的规定，损害劳动者权益的；5）因本法第26条第1款规定的情形致使劳动合同无效的；6）法律、行政法规规定劳动者可以解除劳动合同的其他情形。

用人单位以暴力、威胁或者非法限制人身自由的手段强迫劳动者劳动的，或者用人单位违章指挥、强令冒险作业危及劳动者人身安全的，劳动者可以立即解除劳动合同，不需事先告知用人单位。

（二）解除劳动合同的经济补偿

解除劳动合同的经济补偿，是指因解除劳动合同而由用人单位给予劳动者的一次性经济补偿金。经济补偿金的目的在于从经济方面制约用人单位的解除行为，并对失去工作的劳动者给予经济上的补偿。

我国《劳动合同法》第46条规定，有下列情形之一的，用人单位应当向劳动者支付经济补偿：（1）劳动者依照本法第38条规定解除劳动合同的；（2）用人单位依照本法第36条规定向劳动者提出解除劳动合同并与劳动者协商一致解除劳动合同的；（3）用人单位依照本法第40条规定解除劳动合同的；（4）用人单位依照本法第41条第1款规定解除劳动合同的；（5）除用人单位维持或者提高劳动合同约定条件续订劳动合同，劳动者不同意续订的情形外，依照本法第44条第1项规定终止固定期限劳动合同的；（6）依照本法第44条第4项、第5项规定终止劳动合同的；（7）法律、行政法规规定的其他情形。

《劳动合同法》第47条规定，经济补偿按劳动者在本单位工作的年限，每满一年支付一个月工资的标准向劳动者支付。六个月以上不满一年的，按一年计算；不满六个月的，向劳动者支付半个月工资的经济补偿。

劳动者月工资高于用人单位所在直辖市、设区的市级人民政府公布的本地区上年度职工月平均工资三倍的，向其支付经济补偿的标准按职工月平均工资三倍的数额支付，向其支付经济补偿的年限最高不超过十二年。《劳动合同法》第47条所称“月工资”是指劳动者在劳动合同解除或者终止前十二个月的平均工资。

八、违反劳动合同的赔偿责任

违反劳动合同的赔偿责任，是指当事人由于自己的过错造成劳动合同的不履行或不适当履行所应承担的相应的赔偿责任。

（一）用人单位应承担的赔偿责任

《劳动合同法》第 81 条规定，用人单位提供的劳动合同文本未载明本法规定的劳动合同必备条款或者用人单位未将劳动合同文本交付劳动者的，由劳动行政部门责令改正；给劳动者造成损害的，应当承担赔偿责任。

《劳动合同法》第 82 条规定，用人单位自用工之日起超过一个月不满一年未与劳动者订立书面劳动合同的，应当向劳动者每月支付二倍的工资。用人单位违反本法规定不与劳动者订立无固定期限劳动合同的，自应当订立无固定期限劳动合同之日起向劳动者每月支付二倍的工资。

《劳动合同法》第 83 条规定，用人单位违反本法规定与劳动者约定试用期的，由劳动行政部门责令改正；违法约定的试用期已经履行的，由用人单位以劳动者试用期满月工资为标准，按已经履行的超过法定试用期的期间向劳动者支付赔偿金。

《劳动合同法》第 84 条规定，用人单位违反本法规定，以担保或者其他名义向劳动者收取财物的，由劳动行政部门责令限期退还劳动者本人，并以每人 500 元以上 2 000 元以下的标准处以罚款；给劳动者造成损害的，应当承担赔偿责任。

《劳动合同法》第 85 条规定，用人单位有下列情形之一的，由劳动行政部门责令限期支付劳动报酬、加班费或者经济补偿；劳动报酬低于当地最低工资标准的，应当支付其差额部分；逾期不支付的，责令用人单位按应付金额 50%以上 100%以下的标准向劳动者加付赔偿金：（1）未按照劳动合同的约定或者国家规定及时足额支付劳动者劳动报酬的；（2）低于当地最低工资标准支付劳动者工资的；（3）安排加班不支付加班费的；（4）解除或者终止劳动合同，未依照本法规定向劳动者支付经济补偿的。

《劳动合同法》第 87 条规定，用人单位违反本法规定解除或者终止劳动合同的，应当依照本法第 47 条规定的经济补偿标准的二倍向劳动者支付赔偿金。

《劳动合同法》第 88 条规定，用人单位有下列情形之一的，依法给予行政处罚；构成犯罪的，依法追究刑事责任；给劳动者造成损害的，应当承担赔偿责任：（1）以暴力、威胁或者非法限制人身自由的手段强迫劳动的；（2）违章指挥或者强令冒险作业危及劳动者人身安全的；（3）侮辱、体罚、殴打、非法搜查或者拘禁劳动者的；（4）劳动条件恶劣、环境污染严重，给劳动者身心健康造成严重损害的。

《劳动合同法》第 89 条规定，用人单位违反本法规定未向劳动者出具解除或者终止劳动合同的书面证明，由劳动行政部门责令改正；给劳动者造成损害的，应当承担赔偿责任。

（二）劳动者应承担的赔偿责任

劳动者违反法律规定或劳动合同的约定解除劳动合同，给用人单位造成损失的，劳动者应赔偿用人单位下列损失：（1）用人单位招收录用其所支付的费用；（2）用人单位为其支付的培训费用，双方另有约定的按约定办理；（3）对生产、经营和工作造成的直接经济损失；（4）劳动合同约定的其他赔偿费用。

劳动者违反劳动合同中约定的保密义务或者竞业限制，给用人单位造成损失的，应当承担赔偿责任。

九、集体合同

（一）集体合同的含义

集体合同，又称团体协议或集体协议，是指用人单位与本单位职工根据法律、法规、规章的规定，就劳动报酬、工作时间、休息休假、劳动安全卫生、职业培训、保险福利等事项，通过集体协商签订的书面协议。集体合同是协调劳动关系、保护劳动者权益、建立现代企业管理制度的重要手段。在我国，集体合同主要由代表劳动者的工会或职工代表与企业或事业单位签订。

（二）集体合同的种类

以适用范围为标准，可将集体合同分为区域性集体合同、行业性集体合同和职业性集体合同；以合同内容为标准，可将集体合同分为综合性集体合同和专项集体合同。《劳动合同法》规定，企业职工一方与用人单位通过平等协商，可以就劳动报酬、工作时间、休息休假、劳动安全卫生、保险福利等事项订立集体合同。此外，企业职工一方与用人单位也可以订立劳动安全卫生、女职工权益保护、工资调整机制等专项集体合同；在县级以下区域内，建筑业、采矿业、餐饮服务业等行业可以由工会与企业方面代表订立行业性集体合同，或者订立区域性集体合同。

（三）集体协商

集体协商，是指用人单位工会代表或职工代表与用人单位代表，就劳动条件和劳动报酬标准等进行商谈，并签订集体合同的行为。用人单位与本单位职工签订集体合同或专项集体合同，以及确定相关事宜，应当采取集体协商的方式。集体协商主要采取协商会议的形式。进行集体协商，签订集体合同或专项集体合同，应当遵循下列原则：

（1）遵守法律、法规、规章及国家有关规定。

（2）相互尊重，平等协商。

（3）诚实守信，公平合作。

（4）兼顾双方合法权益。

（5）不得采取过激行为。

集体协商代表，是指按照法定程序产生并有权代表本方利益进行集体协商的人员。集体协商双方的代表人数应当对等，每方至少 3 人，并各确定 1 名首席代表。职工一方的协商代表由本单位工会选派。未建立工会的，由本单位职工民主推荐，并经本单位半数以上职工同意。职工一方的首席代表由本单位工会主席担任。工会主席可以书面委托其他协商代表代理首席代表。工会主席空缺的，首席代表由工会主要负责人担任。未建立工会的，职工一方的首席代表从协商代表中民主推举产生。用人单位一方的协商代表，由用人单位法定代表人指派，首席代表由用人单位法定代表人担任或由其书面委托的其他管理人员担任。集体协商代表履行职责的期限由被代表方确定。用人单位协商代表与职工协商代表不得相互兼任。

为防止集体协商代表的合法权益受到侵害，劳动法对集体协商代表的保护作出规定：职工一方协商代表在其履行协商代表职责期间劳动合同期满的，劳动合同期限自动延长至完成履行协商代表职责之时，除出现下列情形之一的，用人单位不得与其解除劳动合同：

（1）严重违反劳动纪律或用人单位依法制定的规章制度的。

（2）严重失职、营私舞弊，对用人单位利益造成重大损害的。

（3）被依法追究刑事责任的。

职工一方协商代表履行协商代表职责期间，用人单位无正当理由不得调整其工作岗位。

集体协商的程序：

（1）以书面形式提出进行集体协商的要求。一方提出进行集体协商要求的，另一方应当在收到集体协商要求之日起 20 日内以书面形式给予回应；无正当理由不得拒绝进行集体协商。

（2）协商前的准备工作。

（3）召开集体协商会议。

（4）协商一致形成集体合同草案或专项集体合同草案。集体协商未达成一致意见或出现事先未曾预料的问题时，经双方协商，可以中止协商。中止期限及下次协商时间、地点、内容由双方商定。

（四）集体合同的订立

集体合同的订立，是指工会或职工代表与企事业单位之间，为规定用人单位和全体职工的权利义务而依法就集体合同条款经过协商一致，确立集体合同关系的法律行为。集体合同按如下程序订立：

（1）讨论集体合同草案或专项集体合同草案。经双方代表协商一致的集体合同草案或专项集体合同草案应提交职工代表大会或者全体职工讨论。

（2）通过草案。全体职工代表半数以上或者全体职工半数以上同意，集体合同草案或专项集体合同草案方获通过。

（3）集体协商双方首席代表签字。

（五）集体合同的内容和形式

一般集体合同的内容包括劳动报酬、工作时间、休息休假、劳动安全卫生、保险福利等事关劳动者共同利益的事项。

集体合同必须采用书面形式。

（六）集体合同的变更、解除和终止

集体合同的变更，是指集体合同生效后尚未履行完毕之前，由于主客观情况发生变化，当事人依照法律规定的条件和程序，对原集体合同进行修改或增删的法律行为。集体合同的解除，是指提前终止集体合同的法律效力。经双方协商代表协商一致，可以变更或解除集体合同或专项集体合同。劳动法规定有下列情形之一的，可以变更或解除集体合同或专项集体合同：

(1) 用人单位因被兼并、解散、破产等原因，致使集体合同或专项集体合同无法履行的。

(2) 因不可抗力等原因致使集体合同或专项集体合同无法履行或部分无法履行的。

(3) 集体合同或专项集体合同约定的变更或解除条件出现的。

(4) 法律、法规、规章规定的其他情形。

变更或解除集体合同或专项集体合同适用集体协商程序。

集体合同的终止，是指因某种法律事实的发生而导致集体合同法律关系消灭。集体合同或专项集体合同期限一般为1～3年，期满或双方约定的终止条件出现，即行终止。集体合同或专项集体合同期满前3个月内，任何一方均可向对方提出重新签订或续订的要求。

集体合同或专项集体合同签订或变更后，应当自双方首席代表签字之日起10日内，由用人单位一方将文本一式三份报送劳动行政部门审查。劳动行政部门自收到文本之日起15日内未提出异议的，集体合同或专项集体合同即行生效。

十、劳务派遣

（一）劳务派遣的概念

劳务派遣，是指一单位（劳务派遣单位）与劳动者（被派遣劳动者）订立劳动合同后，将该劳动者派遣到其他单位（用工单位）从事劳动、提供劳务，劳动者报酬由用工单位以劳务费的形式向劳务派遣单位支付并由其向劳动者代发的一种特殊用工形式。

（二）劳务派遣的适用范围

劳务派遣一般在临时性、辅助性或者替代性的工作岗位上实施。临时性岗位是指存续时间不长的非常设性岗位；辅助性岗位是指非主营业务岗位；替代性岗位是

指用工单位的劳动者因病等原因暂时性离岗而需替代的工作岗位。

（三）劳动合同法对劳务派遣单位的特殊规定

根据《劳动合同法》第57条的规定，经营劳务派遣业务应当具备下列条件：

（1）注册资本不得少于人民币200万元。

（2）有与开展业务相适应的固定的经营场所和设施。

（3）有符合法律、行政法规规定的劳务派遣管理制度。

（4）法律、行政法规规定的其他条件。

经营劳务派遣业务，应当向劳动行政部门依法申请行政许可；经许可的，依法办理相应的公司登记。未经许可，任何单位和个人不得经营劳务派遣业务。

（四）劳务派遣中的法律关系

1. 劳务派遣单位与被派遣劳动者的劳动关系

在劳务派遣中，劳务派遣单位与被派遣劳动者之间签订劳动合同，建立劳动关系，应当履行《劳动合同法》规定的用人单位对劳动者的义务。

2. 劳务派遣单位与用工单位之间的民事合同关系

劳务派遣单位与用工单位签订民事合同性质的派遣协议，约定派遣岗位和人员数量、派遣期限、劳动报酬和社会保险费的数额与支付方式以及违反协议的责任。用工单位应当根据工作岗位的实际需要与劳务派遣单位确定派遣期限，不得将连续用工期限分割订立数个短期劳务派遣协议。

3. 被派遣劳动者与用工单位之间的特殊权利义务关系

被派遣劳动者与用工单位之间既没有劳动合同，没有建立《劳动合同法》意义上的劳动关系，也没有民事合同，但用工单位仍然要对被派遣劳动者履行法律规定的义务和派遣协议约定的义务。不过，由于用工单位与被派遣劳动者之间并没有劳动合同，因此有劳动者严重违反用工单位规章制度等情形时，用工单位只能将被派遣劳动者退回劳务派遣单位，由劳务派遣单位解除与被派遣劳动者之间的劳动合同。

（五）劳务派遣单位和用工单位对于被派遣劳动者的法定义务

1. 劳务派遣单位和用工单位的共同义务

（1）劳务派遣单位和用工单位不得向被派遣劳动者收取费用。

（2）跨地区派遣劳动者的，被派遣劳动者享有的劳动报酬和劳动条件，按照用工单位所在地的标准执行。

（3）保障被派遣劳动者享有与用工单位的劳动者同工同酬的权利，用工单位无同类岗位劳动者的，参照用工单位所在地相同或者相近岗位劳动者的劳动报酬确定。

（4）保障被派遣劳动者有权在劳务派遣单位或者用工单位依法参加或者组织工会，维护自身的合法权益。

（5）对被派遣劳动者造成损害的，承担连带赔偿责任。

2. 劳务派遣单位的特殊义务

（1）劳务派遣单位应当与被派遣劳动者订立2年以上的固定期限劳动合同，按月支付劳动报酬。

（2）被派遣劳动者在无工作期间，劳务派遣单位应当按照所在地人民政府规定的最低工资标准，向其按月支付报酬。

（3）劳务派遣单位应当将劳务派遣协议的内容告知被派遣劳动者。

（4）劳务派遣单位不得克扣用工单位按照劳务派遣协议支付给被派遣劳动者的劳动报酬。

3. 用工单位的特殊义务

（1）执行国家劳动标准，提供相应的劳动条件和劳动保护。

（2）告知被派遣劳动者的工作要求和劳动报酬。

（3）支付加班费、绩效奖金，提供与工作岗位相关的福利待遇。

（4）对在岗被派遣劳动者进行工作岗位所必需的培训。

（5）连续用工的，实行正常的工资调整机制。

（6）不得将被派遣劳动者再派遣到其他用工单位。

十一、劳动合同监督检查与法律责任

（一）监督检查

劳动合同监督检查，是指依法享有劳动监督权的行政机关、工会组织、劳动者以及其他单位或个人，为了保护劳动者的合法权益，依法对用人单位及其他有关组织遵守劳动合同法律法规、实施劳动合同制度的情况进行检查、督促、纠正和处罚等监督活动的总称。主要包括劳动行政部门的劳动保障监察，建设、卫生、安全生产等企业主管部门的监督管理，工会监督，劳动者个人监督以及其他组织或个人的监督。

（二）法律责任

违反《劳动合同法》可能产生的法律责任包括民事责任、行政责任和刑事责任。行政责任包括警告、罚款、吊销营业执照等行政处罚，警告、记过、记大过、降级、撤职、开除等行政处分以及行政赔偿和责令改正。在刑事责任方面，违反《劳动合同法》可能涉及的罪名有滥用职权罪、玩忽职守罪、徇私舞弊罪、强迫劳动罪、重大责任事故罪等。

这里重点介绍民事责任。民事责任主要包括支付违约金和赔偿金。

1. 支付违约金

劳动者在违反服务约定或竞业限制约定时，如果双方约定了违约金，就应当按照约定向用人单位支付违约金。而用人单位违反合同约定的，只要双方约定了违约金，就应当按照约定支付。《劳动合同法》对此并没有限制性规定。

2. 支付赔偿金

《劳动合同法》多个条文涉及损害赔偿。除了前文已经阐述的超过一定期限不签订书面劳动合同或违法不签订无固定期限劳动合同应支付两倍工资，用人单位违法解除或者终止劳动合同应依照经济补偿标准的两倍向劳动者支付赔偿金，以及违法约定试用期、劳动合同无效、规章制度违法侵害劳动者权益、劳动合同未约定必备条款侵害劳动者权益、违法扣押劳动者证件或收取劳动者财物等情形需要支付赔偿金外，尚应注意的有关赔偿金规定主要有：

（1）未按照劳动合同的约定或者国家规定及时足额支付劳动者劳动报酬、低于当地最低工资标准支付劳动者工资、安排加班不支付加班费、解除或者终止劳动合同、未依照《劳动合同法》规定向劳动者支付经济补偿等情形，首先由劳动行政部门责令限期改正。逾期不支付的，由劳动行政部门责令用人单位按应付金额50％以上100％以下的标准向劳动者加付赔偿金。

（2）用人单位招用与其他用人单位尚未解除或者终止劳动合同的劳动者，给其他用人单位造成损失的，应当承担连带赔偿责任。

（3）不具备合法经营资格的用人单位招录劳动者，劳动者已经付出劳动的，该单位或者其出资人应当依照《劳动合同法》有关规定向劳动者支付劳动报酬、经济补偿、赔偿金；给劳动者造成损害的，应当承担赔偿责任。

（4）个人承包经营违反《劳动合同法》规定招用劳动者，给劳动者造成损害的，发包的组织与个人承包经营者承担连带赔偿责任。

第三节 劳动争议的处理

一、劳动争议概述

劳动争议又称劳动纠纷，是指劳动关系双方当事人因履行劳动合同、集体合同发生的纠纷。劳动者与用人单位就劳动报酬等劳动合同履行问题发生争议时，其合法权益受到侵害的，有权要求有关部门依法处理。劳动者申请仲裁的主要依据是我国《劳动争议调解仲裁法》。根据《劳动争议调解仲裁法》的规定，处理劳动争议的机构为劳动争议调解机构、劳动争议仲裁委员会和人民法院。

（一）劳动争议调解机构

农村进城务工人员与用人单位发生劳动争议，可以到下列调解组织申请调解：

企业劳动争议调解委员会；依法设立的基层人民调解组织；在乡镇、街道设立的具有劳动争议调解职能的组织。

企业劳动争议调解委员会由职工代表和企业代表组成。职工代表由工会成员担任或者由全体职工推举产生，企业代表由企业负责人指定。企业劳动争议调解委员会主任由工会成员或者双方推举的人员担任。

自劳动争议调解组织收到调解申请之日起 15 日内未达成调解协议的，当事人可以依法申请仲裁。达成调解协议后，一方当事人在协议约定期限内不履行调解协议的，另一方当事人可以依法申请仲裁。

因支付拖欠劳动报酬、工伤医疗费、经济补偿或者赔偿金事项达成调解协议，用人单位在协议约定期限内不履行的，劳动者可以持调解协议书依法向人民法院申请支付令。人民法院应当依法发出支付令。

（二）劳动争议仲裁委员会

劳动争议仲裁委员会按照统筹规划、合理布局和适应实际需要的原则设立。省、自治区人民政府可以决定在市、县设立；直辖市人民政府可以决定在区、县设立。直辖市、设区的市也可以设立一个或者若干个劳动争议仲裁委员会。劳动争议仲裁委员会不按行政区划层层设立。

劳动争议仲裁委员会由劳动行政部门代表、工会代表和企业方面代表组成。劳动争议仲裁委员会组成人员应当是单数。

劳动争议仲裁委员会依法履行下列职责：聘任、解聘专职或者兼职仲裁员；受理劳动争议案件；讨论重大或者疑难的劳动争议案件；对仲裁活动进行监督。

劳动争议仲裁委员会下设办事机构，负责办理劳动争议仲裁委员会的日常工作。

劳动争议仲裁委员会应当设仲裁员名册。仲裁员应当公道正派并符合下列条件之一：曾任审判员的；从事法律研究、教学工作并具有中级以上职称的；具有法律知识、从事人力资源管理或者工会等专业工作满五年的；律师执业满三年的。

劳动争议仲裁委员会负责管辖本区域内发生的劳动争议。劳动争议由劳动合同履行地或者用人单位所在地的劳动争议仲裁委员会管辖。双方当事人分别向劳动合同履行地和用人单位所在地的劳动争议仲裁委员会申请仲裁的，由劳动合同履行地的劳动争议仲裁委员会管辖。

（三）人民法院

人民法院是审理劳动争议案件的司法机构。由各级人民法院的民事审判庭审理劳动争议案件。当事人不服劳动争议仲裁委员会作出的裁决，依法向人民法院起诉的，人民法院应当受理。其受案范围为：因确认劳动关系发生的争议；因订立、履行、变更、解除和终止劳动合同发生的争议；因除名、辞退和辞职、离职发生的争议；因工作时间、休息休假、社会保险、福利、培训以及劳动保护发生的争议；因劳动报酬、工伤医疗费、经济补偿或者赔偿金等发生的争议；法律、法规规定的其他劳动争议。

二、劳动争议的解决方式

我国《劳动争议调解仲裁法》规定：发生劳动争议，当事人不愿协商、协商不成或者达成和解协议后不履行的，可以向调解组织申请调解；不愿调解、调解不成或者达成调解协议后不履行的，可以向劳动争议仲裁委员会申请仲裁；对仲裁裁决不服的，除本法另有规定的外，可以向人民法院提起诉讼。

这就是说，我国劳动争议的解决方式主要有和解、调解、仲裁和诉讼。其中，和解、调解属于可选程序，仲裁和诉讼是处理劳动争议案件的必经程序。在劳动争议处理制度的模式选择上，我国采取的是一裁、两审的处理模式，即劳动者不与用人单位协商、调解，直接申请劳动争议仲裁委员会仲裁裁决，对仲裁裁决不服，可向人民法院提起诉讼，人民法院实行两审终审。在劳动争议仲裁制度上，其特点是强制仲裁、一裁终局、仲裁前置。仲裁前置指劳动争议当事人向司法机构申请处理之前，必须经劳动仲裁机构仲裁。劳动仲裁为司法程序的前置程序。

（一）和解

劳动争议发生后，当事人应当协商解决，协商一致后，双方可达成和解协议，但和解协议无必须履行的法律效力，而是由双方当事人自觉履行。协商不是处理劳动争议的必经程序，当事人不愿协商或协商不成，可以向本单位劳动争议调解委员会申请调解或直接向劳动争议仲裁委员会申请仲裁。

（二）调解

劳动争议发生后，当事人双方愿意调解的，可以书面或口头形式向调解委员会申请调解。调解委员会接到调解申请后，可依据自愿、合法原则进行调解。经调解达成协议的，制作调解书，双方当事人自觉履行。

调解不是劳动争议解决的必经程序，调解协议也无必须履行的法律效力。当事人不愿调解或调解不成，可直接向劳动争议仲裁委员会申请仲裁。

（三）仲裁

《劳动争议调解仲裁法》第 27 条规定："劳动争议申请仲裁的时效期间为一年。仲裁时效期间从当事人知道或者应当知道其权利被侵害之日起计算。前款规定的仲裁时效，因当事人一方向对方当事人主张权利，或者向有关部门请求权利救济，或者对方当事人同意履行义务而中断。从中断时起，仲裁时效期间重新计算。因不可抗力或者有其他正当理由，当事人不能在本条第一款规定的仲裁时效期间申请仲裁的，仲裁时效中止。从中止时效的原因消除之日起，仲裁时效期间继续计算。劳动关系存续期间因拖欠劳动报酬发生争议的，劳动者申请仲裁不受本条第一款规定的仲裁时效期间的限制；但是，劳动关系终止的，应当自劳动关系终止之日起一年内提出。"

劳动争议仲裁是不收取劳动者任何费用的，如果劳动者的权利受到侵害，应当大胆提起仲裁和诉讼。

劳动争议仲裁委员会裁决劳动争议案件实行仲裁庭制。仲裁庭由三名仲裁员组成，设首席仲裁员。简单劳动争议案件可以由一名仲裁员独任仲裁。仲裁庭在作出裁决前，应当先行调解。

发生劳动争议，当事人对自己提出的主张，有责任提供证据。当事人提供的证据经查证属实的，仲裁庭应当将其作为认定事实的根据。劳动者无法提供由用人单位掌握管理的与仲裁请求有关的证据，仲裁庭可以要求用人单位在指定期限内提供。用人单位在指定期限内不提供的，应当承担不利后果。

仲裁庭裁决劳动争议案件，应当自劳动争议仲裁委员会受理仲裁申请之日起 45 日内结束。案情复杂需要延期的，经劳动争议仲裁委员会主任批准，可以延期并书面通知当事人，但是延长期限不得超过 15 日。逾期未作出仲裁裁决的，当事人可以就该劳动争议事项向人民法院提起诉讼。

（四）诉讼

当事人对仲裁裁决不服的，可自收到仲裁裁决书之日起 15 日内向人民法院提起诉讼。对经过仲裁裁决，当事人向法院起诉的劳动争议案件，人民法院必须受理。

1. 人民法院对当事人因劳动争议仲裁委员会不予受理而起诉到法院的案件的处理

劳动争议仲裁委员会以当事人申请仲裁的事项不属于劳动争议为由，作出不予受理的书面裁决、决定或者通知，当事人不服，依法向人民法院起诉的，人民法院应当视不同情况予以处理：（1）属于劳动争议案件的，应当受理；（2）虽不属于劳动争议案件，但属于人民法院主管的其他案件，应当依法受理。

劳动争议仲裁委员会以申请仲裁的主体不适格为由，作出不予受理的书面裁决、决定或者通知，当事人不服，依法向人民法院起诉的，经审查，确属主体不适格的，裁定不予受理或者驳回起诉。

2. 对重新作出仲裁裁决的处理

劳动争议仲裁委员会为纠正原仲裁裁决错误重新作出裁决，当事人不服，依法向人民法院起诉的，人民法院应当受理。

3. 仲裁事项不属于法院受案范围的处理

劳动争议仲裁委员会仲裁的事项不属于人民法院受理的案件范围，当事人不服，依法向人民法院起诉的，裁定不予受理或者驳回起诉。

4. 劳动争议案件的管辖

劳动争议案件由用人单位所在地或者劳动合同履行地的基层人民法院管辖。劳动合同履行地不明确的，由用人单位所在地的基层人民法院管辖。

5. 劳动争议案件中的举证责任

因用人单位作出的开除、除名、辞退、解除劳动合同、减少劳动报酬、计算劳动者工作年限等决定而发生的劳动争议，用人单位负举证责任。

案例故事

劳动关系成立的关键在用工事实

李女士入职某文化公司分公司，并与公司签订《独家艺人协议》。后李女士另找工作，公司以违约为由起诉李女士。李女士与公司到底是合作关系还是劳动关系？法院认为李女士虽与公司签署了合作协议，但是李女士全面服从公司对其工作的安排，李女士的收益源于公司根据每月直播收益情况发放的提成、奖励工资，李女士从事的网络直播活动属于该公司的业务组成部分。李女士与该公司为劳动关系。

2022 年 2 月，许女士入职某美容院，双方未签订书面劳动合同。当年 8 月，许女士离职，并起诉美容院要求赔付未签订书面劳动合同的二倍工资差额。美容院认为，许女士是经人介绍进入美容院当学徒，美容院每月给许女士的转款是学徒生活费而并非工资，因此双方并未建立劳动关系，不应支付赔偿金。法院经审理认为，美容院不仅向许女士提供食宿，还按月支付工资，许女士在领取工资的同时也需提供劳动，无须向美容店支付培训费或者学费等，双方形成了在经济和人身方面具有一定依附性的劳动关系。因此，美容院应向许女士支付 2022 年未签订劳动合同二倍工资差额 1.8 万余元。

根据《关于确立劳动关系有关事项的通知》（劳社部发〔2005〕12 号），用人单位未与劳动者签订劳动合同，认定双方存在劳动关系时可参照的凭证包括工资支付凭证或记录、缴纳各项社会保险费的记录；用人单位向劳动者发放的“工作证”“服务证”；劳动者填写的用人单位招工招聘“登记表”“报名表”以及考勤记录等。

第四节 社会保障法概述

一、社会保障的含义

社会保障是国家通过立法形式确立的，对社会成员在生育、年老、伤残、疾病、失业、丧失劳动能力或丧失就业机会，或者因自然灾害和意外事故面临生活困难时，以国民收入再分配方式提供物质帮助，保障每个公民的基本生活需要的一种社会制度。社会保障主要包括四个方面：社会保险、社会救助、社会福利和社会优抚。

二、社会保障的基本法律制度

（一）养老保险法律制度

养老保险是国家和社会根据一定的法律和法规，为保障劳动者在达到国家规定的解除劳动义务的劳动年龄界限，或因年老丧失劳动能力退出劳动岗位后的基本生活而建立的一种社会保险制度。包含以下三层含义：

（1）养老保险在法定范围内的老年人完全或基本退出社会劳动生产后才自动发生作用。

（2）养老保险的目的是保障老年人的基本生活需求，为其提供稳定可靠的生活来源。

（3）养老保险以社会保险为手段来达到保障的目的。

我国的养老保险由三个部分（或层次）组成：第一部分是基本养老保险；第二部分是企业补充养老保险；第三部分是个人储蓄性养老保险。

（二）失业保险法律制度

1. 失业人员和失业保险的概念

失业人员是指在劳动年龄内有劳动能力，目前无工作，并以某种方式正在寻找工作的人员。失业人员包括就业转失业的人员和新生劳动力中未实现就业的人员。

失业保险是指国家通过立法强制实行的，由社会集中建立基金，对因失业而暂时中断生活来源的劳动者提供物质帮助的制度。它是社会保障体系的重要组成部分，是社会保险的主要项目之一。

2. 我国失业保险制度的主要内容

我国失业保险制度主要包括以下内容：

（1）哪些单位和人员应当参加失业保险。从单位来讲，城镇的国有企业、集体企业、外商投资企业、港澳台投资企业、私营企业等各类企业，以及事业单位都必须参加失业保险并按规定缴纳失业保险费。从个人来讲，上述单位的职工也要按规定缴纳失业保险费，失业后符合条件的可以享受失业保险待遇。社会团体及其专职人员，民办非企业单位及其职工，城镇中有雇工的个体工商户及其雇工是否适用《失业保险条例》，由各省级人民政府确定。

（2）失业保险所需资金的来源和如何缴纳失业保险费。失业保险所需资金源于四个部分：一是失业保险费，包括单位缴纳和个人缴纳两部分，这是基金的主要来源；二是财政补贴，这是政府负担的一部分；三是失业保险基金的利息，这是基金存入银行和购买国债的收益部分；四是依法纳入失业保险基金的其他资金，主要是指对不按期缴纳失业保险费的单位征收的滞纳金等。失业保险费由城镇企业事业单位按照本单位工资总额的2%缴纳，城镇企业事业单位职工按照本人工资的1%缴纳失业保险费。城镇企业事业单位招用的农民合同制工人本人不缴纳失业保险费。

（3）失业人员可享受到哪些失业保险待遇。具体来说，包括按月领取的失业保险金，领取失业保险金期间的医疗补助金，领取失业保险金期间死亡的失业人员的丧葬补助金及其供养的配偶、直系亲属的抚恤金。另外，还可以对为失业人员在领取失业保险金期间开展职业培训、职业介绍的机构或接受职业培训、职业介绍的失业人员给予补贴，以帮助失业人员实现再就业。失业保险金的标准由省级人民政府确定，原则是低于当地最低工资标准，高于城市居民最低生活保障标准。医疗补助金的标准由省级人民政府规定。丧葬补助金和抚恤金的标准应参照当地职工的规定办理，一次性发放。

失业保险金的领取时间是由失业人员失业前所在单位和本人按照规定累计缴费时间决定的，满1年不足5年的，最长不超过12个月；满5年不足10年的，最长不超过18个月；10年以上的，最长不超过24个月。

（三）医疗、疾病保险法律制度

1. 医疗保险法律制度

医疗保险，是指劳动者在非因工患病、造成损伤时，获取所需医疗费用帮助的一种社会保险制度。

2. 疾病保险法律制度

疾病保险，我国又将其称为“病假工资”，是指劳动者在非因工患病、造成损伤时，给予其生活上帮助的一种社会保险制度。疾病保险是在劳动者因病而造成收入中断时，为保障其基本生活需要而给予的一种“收入补偿”性质的保险，与医疗保险提供的医疗费用补助性质不同。

（四）工伤保险法律制度

1. 工伤保险的定义

工伤保险是指劳动者因工造成伤害、死亡或患职业病后，对受到伤害者及其家属给予一定物质帮助的一种社会保险制度。

2. 工伤的范围

按照国际惯例，现代工伤保险的事故范围既包括因工伤害，又包括职业病伤害。

3. 工伤保险基金

工伤保险基金由以下部分构成：

（1）企业缴纳的工伤保险费；

（2）工伤保险费滞留金；

（3）工伤保险基金的利息；

（4）法律、法规规定的其他资金。

工伤保险基金支出的项目有：

（1）统筹项目支付的工伤待遇；

（2）事故预防费；

（3）职业康复费；

（4）安全奖励费；

（5）宣传和科研费；

（6）工伤保险经办机构管理费；

（7）劳动鉴定委员会办公费用等。

4. 工伤保险待遇

我国现行法律、法规规定，职工受伤被确认为工伤后，应该享受下列工伤保险待遇：

（1）工伤医疗待遇。包括职工治疗所需的挂号费、医疗费、住院费、药费、就医路费、住院伙食补助费、护理费、辅助器械费用，以及工伤医疗假期。

（2）工伤津贴。工伤职工在工伤医疗期内停发工资，改为按月发给工伤津贴，并享受本单位各项福利。

（3）伤残待遇。工伤职工应评定伤残等级，并按照不同伤残等级情况给予相应的待遇。伤残人员凭工伤伤残抚恤证，可以按月领取伤残抚恤金，以及领取一次性伤残补助金、安家补助费等。

（4）工亡待遇。职工因工死亡，应发给丧葬补助金、供养亲属抚恤金及一次性工亡补助金。

知识链接

社会保障卡

社会保障卡是劳动者在劳动保障领域办事的电子凭证。社会保障卡的正面有持卡人姓名、性别、民族、出生年月日、社会保障号码等个人基本信息。社会保障卡正面的芯片记录了参保人的养老、失业、医疗、工伤、生育的参保情况。同时，持卡人社保缴费、职业资格和技能、就业经历、工伤及职业病伤残程度等信息也都记录在案。

《全国年节及纪念日放假办法》

（1949 年 12 月 23 日政务院发布　根据 1999 年 9 月 18 日《国务院关于修改〈全国年节及纪念日放假办法〉的决定》第一次修订　根据 2007 年 12 月 14 日《国务院关于修改〈全国年节及纪念日放假办法〉的决定》第二次修订　根据

2013年12月11日《国务院关于修改〈全国年节及纪念日放假办法〉的决定》第三次修订　根据2024年11月10日《国务院关于修改〈全国年节及纪念日放假办法〉的决定》第四次修订）

第一条　为统一全国年节及纪念日的假期，制定本办法。

第二条　全体公民放假的节日：

（一）元旦，放假1天（1月1日）；

（二）春节，放假4天（农历除夕、正月初一至初三）；

（三）清明节，放假1天（农历清明当日）；

（四）劳动节，放假2天（5月1日、2日）；

（五）端午节，放假1天（农历端午当日）；

（六）中秋节，放假1天（农历中秋当日）；

（七）国庆节，放假3天（10月1日至3日）。

第三条　部分公民放假的节日及纪念日：

（一）妇女节（3月8日），妇女放假半天；

（二）青年节（5月4日），14周岁以上的青年放假半天；

（三）儿童节（6月1日），不满14周岁的少年儿童放假1天；

（四）中国人民解放军建军纪念日（8月1日），现役军人放假半天。

第四条　少数民族习惯的节日，由各少数民族聚居地区的地方人民政府，按照各该民族习惯，规定放假日期。

第五条　二七纪念日、五卅纪念日、七七抗战纪念日、九三抗战胜利纪念日、九一八纪念日、教师节、护士节、记者节、植树节等其他节日、纪念日，均不放假。

第六条　全体公民放假的假日，如果适逢星期六、星期日，应当在工作日补假。部分公民放假的假日，如果适逢星期六、星期日，则不补假。

第七条　全体公民放假的假日，可合理安排统一放假调休，结合落实带薪年休假等制度，实际形成较长假期。除个别特殊情形外，法定节假日假期前后连续工作一般不超过6天。

第八条　本办法自公布之日起施行。

案例思考

苏女士入职了一家互联网公司，担任产品运营岗位负责人。双方劳动合同约定，苏女士将执行不定时工时制，每年10天带薪年休假，基本工资为15 500元。苏女士觉得自己经常夜晚、休息日都在为公司工作，工作和生活没有界限，却没有得到应有的加班费。被辞退后，苏女士申请劳动仲裁，提出支付加班费、未休年假工资等几项请求，金额总计几十万元，但都被劳动仲裁机构和一审法院驳回。二审才得以改判。

从苏女士提供的聊天记录等证据中可以看到她平时的工作内容很繁杂，包括搭建运营组织构架、管理内容团队、商务拓展等。因为运营的工作特性，她需要在部分工作日下班时间或者休息日，利用微信、钉钉等社交媒体和同事进行沟通，维护客户关系，属于在家线上加班。但公司认为，只是回复一下客户需要的信息，给员工打个电话，这不属于加班范畴。另外，只有符合国家规定的特殊岗位，并且经过人力资源和社会保障部门审批，用人单位才能实行不定时工作制，比如百货商场、超市。

问题：你如何看待“隐性加班”？

第七章 环境与资源保护法

人类的最后一滴水，将是环境破坏后悔恨的泪

法律是人类最伟大的发明，别的发明让人类学会驾驭自然，而法律的发明令人类学会如何驾驭自己

学习目标

知识目标

- 了解环境与资源保护法的一般知识

素养目标

- 通过对我国环境保护法、污染防治法规范等内容的学习，提升环保意识，对我国生态环境保护产生自豪感和责任心

知识要点

- 环境保护基本原则
- 环境影响评价制度
- 自然资源保护
- 环境污染防治

第一节 环境问题与环境保护

一、环境概述

我国《环境保护法》第 2 条规定："本法所称环境，是指影响人类生存和发展的各种天然的和经过人工改造的自然因素的总体，包括大气、水、海洋、土地、矿藏、森林、草原、湿地、野生生物、自然遗迹、人文遗迹、自然保护区、风景名胜区、城市和乡村等。"

环境问题可分为两大类：

一类是由于地质活动或自然因素引起的。如：火山、地震、风暴、海啸等自然灾害，以及自然界中放射性物质产生的放射病等。

另一类是人为因素造成的环境污染和自然资源破坏。在人类活动中产生的各种污染物（或污染因素）进入环境，超过了环境容量的容许极限，使环境受到污染和破坏；人类在开发利用自然资源时，超越了环境自身的承载能力，使生态环境质量恶化，或出现自然资源枯竭的现象，这些都属于人为造成的环境问题。我们通常所说的环境问题，一般是指人为因素造成的。

当前，人类面临着日益严重的环境问题：环境污染出现了范围扩大、难以防范、危害严重的特点，自然环境和自然资源难以承受高速工业化、人口剧增和城市化的巨大压力，世界自然灾害显著增加。到目前为止已经威胁人类生存并已被人类认识到的环境问题主要有：全球变暖、臭氧层破坏、酸雨、淡水资源危机、能源枯竭、土地荒漠化、物种加速灭绝、有毒化学品污染等。

二、环境与资源保护法

环境与资源保护法，是指调整因保护和改善生活环境与生态环境，防治污染和其他公害，保障人体健康而产生的社会关系的法律规范的总和。环境保护坚持以下基本原则：环境、经济、社会协调发展原则；预防为主、防治结合、综合治理原则；环境责任原则；公众参与原则等。

（一）环境影响评价制度

环境影响评价制度，是指对规划和建设项目实施后可能造成的环境影响进行分析、预测和评估，提出预防或者减轻不良环境影响的对策和措施，并进行跟踪监测的方法与制度。

（二）环境标准制度

环境标准制度，是指国家为了保护环境质量、控制污染，按照法定程序制定并实施各种环境技术规范的法律制度。

环境标准制度分为环境质量标准制度与污染物排放标准制度。

三、2014 年修订后的《环境保护法》所规定的法律制裁日趋严厉

此次《环境保护法》的修订，让《环境保护法》长出了能够制裁违法行为的“爪”与“牙”：

其一，对 4 种情况规定了行政拘留措施：未进行环境影响评价就擅自开工建设的污染项目，对其负责人予以行政拘留；对于偷排、暗排的企业，对其负责人及相关责任人予以行政拘留；对于隐报、瞒报或篡改排污数据的企业责任人予以行政拘留；对于造成重大环境污染事故尚不构成犯罪的相关人员亦可予以行政拘留。行政拘留措施的采用具有极大的威慑力，将对推卸责任的企业起到有效的威慑作用。

其二，针对发生重大环境违法事件的地方政府分管领导及环境监管机关的主要负责人，设立了引咎辞职制度。即对于那些因监管缺位、越位、不到位，以及其他一些环境行政违法行为而造成重大影响，或者发生重大环境污染事故的地方政府或环境监管机关的相关领导，责令其引咎辞职，从而通过与其政治前途挂钩的做法促使其忠实地履行法律规定的职责。

其三，对企业规定了按日计罚的措施，即对于那些责令其限期整改却屡教不改的企业，从责令之日起按日计算罚款，并且鼓励各地方按照地方实际设定罚款的数额，罚款上不封顶。这种严厉的制裁措施有利于遏制企业的侥幸心理，并解决违法成本低而守法成本高的问题，做到原则性与灵活性的有效结合。[①]

第二节 自然资源保护法

一、土地资源保护的法律规定

（一）土地权属的规定

我国实行土地的社会主义公有制，即全民所有制和劳动群众集体所有制。全民

① 解读新环保法的修订亮点．法律快车，2014－05－04.

所有，即国家所有土地的所有权由国务院代表国家行使。任何单位和个人不得侵占、买卖或者以其他形式非法转让土地。土地使用权可以依法转让。国家为了公共利益的需要，可以依法对土地实行征收或者征用并给予补偿。

建设单位使用国有土地，应当以出让等有偿使用方式取得；但是，下列建设用地，经县级以上人民政府依法批准，可以以划拨方式取得：（1）国家机关用地和军事用地；（2）城市基础设施用地和公益事业用地；（3）国家重点扶持的能源、交通、水利等基础设施用地；（4）法律、行政法规规定的其他用地。

城市市区的土地属于国家所有。农村和城市郊区的土地，除由法律规定属于国家所有的以外，属于农民集体所有；宅基地和自留地、自留山，属于农民集体所有。农民集体所有的土地依法属于村农民集体所有的，由村集体经济组织或者村民委员会经营、管理；已经分别属于村内两个以上农村集体经济组织的农民集体所有的，由村内各该农村集体经济组织或者村民小组经营、管理；已经属于乡（镇）农民集体所有的，由乡（镇）农村集体经济组织经营、管理。

2019 年修订的《土地管理法》的一个主要亮点：集体经营性建设用地可以由村民自行决定出让、出租。土地利用总体规划、城乡规划确定为工业、商业等经营性用途，并经依法登记的集体经营性建设用地，土地所有权人可以通过出让、出租等方式交由单位或者个人使用，并应当签订书面合同，载明土地界址、面积、动工期限、使用期限、土地用途、规划条件和双方其他权利义务。集体经营性建设用地出让、出租等，应当经本集体经济组织成员的村民会议三分之二以上成员或者三分之二以上村民代表的同意。

（二）土地管理体制

国务院土地行政主管部门统一负责全国土地的管理和监督工作。县级以上地方人民政府土地行政主管部门的设置及职责，由省、自治区、直辖市人民政府根据国务院有关规定确定。

（三）土地用途管制制度

国家将土地分为农用地、建设用地和未利用地三类。农用地包括耕地、林地、草地、农田水利用地、养殖水面等。建设用地是指建筑物、构筑物用地，如住宅用地、交通用地、旅游用地等。未利用地是指农用地和建设用地以外的土地，包括荒草地、盐碱地、河流水面、湖泊水面、滩涂等。土地法对不同用途的土地实行分类管理，严格限制农用地转为建设用地，控制建设用地总量，对耕地实行特殊保护。

（四）保护耕地的规定

第一，国家保护耕地，严格控制耕地转为非耕地。国家实行占用耕地补偿制度。非农业建设经批准占用耕地的，按照“占多少，垦多少”的原则，由占用耕地的单位负责开垦与所占用耕地的数量和质量相当的耕地。

第二，国家实行永久基本农田保护制度。下列耕地应当根据土地利用总体规划划入永久基本农田保护区，严格管理：经国务院有关主管部门或者县级以上地方人民政府批准确定的粮、棉、油生产基地内的耕地；有良好的水利与水土保持设施的耕地；正在实施改造计划以及可以改造的中、低产田；蔬菜生产基地；农业科研、教学试验田；国务院规定应当划入永久基本农田保护区的其他耕地。各省、自治区、直辖市划定的永久基本农田应当占本行政区域内耕地的80%以上。

第三，禁止任何单位和个人闲置、荒芜耕地。我国耕地保有量（土地红线）是18亿亩，这是解决中国百姓温饱问题的最低保障。

二、矿产资源保护的法律规定

（一）矿产资源的权属

矿产资源属于国家所有，由国务院行使国家对矿产资源的所有权。地表或者地下的矿产资源的国家所有权，不因其所依附的土地的所有权或者使用权的不同而改变。国家保障矿产资源的合理开发利用。禁止任何组织或者个人用任何手段侵占或者破坏矿产资源。各级人民政府必须加强矿产资源的保护工作。

（二）矿产资源管理体制

国务院地质矿产主管部门主管全国矿产资源勘查、开采的监督管理工作。国务院有关主管部门协助地质矿产主管部门进行矿产资源勘查、开采的监督管理工作。

省、自治区、直辖市人民政府地质矿产主管部门主管本行政区域内矿产资源勘查、开采的监督管理工作。省、自治区、直辖市人民政府有关主管部门协助同级地质矿产主管部门进行矿产资源勘查、开采的监督管理工作。

（三）矿产资源监督管理制度

1. 探矿权、采矿权有偿取得和依法转让制度

国家实行探矿权、采矿权有偿取得的制度；但是，国家对探矿权、采矿权有偿取得的费用，可以根据不同情况规定予以减缴、免缴。具体办法和实施步骤由国务院规定。开采矿产资源，必须按照国家有关规定缴纳资源税和资源补偿费。

2. 采矿许可证制度

勘查、开采矿产资源，必须依法分别申请，经批准取得探矿权、采矿权，并办理登记。

（四）保护环境的规定

开采矿产资源，应当节约用地。耕地、草原、林地因采矿受到破坏的，矿山企业应当因地制宜地采取复垦利用、植树种草或者其他措施。这些规定是贯彻执行“开发者保护，破坏者复垦”原则的具体体现。

三、野生动物资源保护的法律规定

（一）野生动物分级保护制度

国家对珍贵、濒危的野生动物实行重点保护。国家重点保护的野生动物分为一级保护野生动物和二级保护野生动物。国家重点保护的野生动物名录及其调整，由国务院野生动物行政主管部门制定，报国务院批准公布。地方重点保护的野生动物，是指国家重点保护的野生动物以外，由省、自治区、直辖市重点保护的野生动物。地方重点保护的野生动物名录，由省、自治区、直辖市政府制定并公布，报国务院备案。

国家保护的有益的或者有重要经济、科学研究价值的陆生野生动物名录及其调整，由国务院野生动物行政主管部门制定并公布。

（二）野生动物保护管理制度

1. 野生动物资源档案制度

野生动物行政主管部门应当定期组织对野生动物资源的调查，建立野生动物资源档案。

2. 特许猎捕证制度

禁止猎捕、杀害国家重点保护野生动物。因科学研究、驯养繁殖、展览或者其他特殊情况，需要捕捉、捕捞国家一级保护野生动物的，必须向国务院野生动物行政主管部门申请特许猎捕证；猎捕国家二级保护野生动物的，必须向省、自治区、直辖市人民政府野生动物行政主管部门申请特许猎捕证。

3. 驯养繁殖证制度

国家鼓励驯养繁殖野生动物。驯养繁殖国家重点保护野生动物的，应当持有许可证。许可证的管理办法由国务院野生动物行政主管部门制定。

4. 狩猎证管理制度

猎捕非国家重点保护野生动物的，必须取得狩猎证，并且服从猎捕量限额管理。持枪猎捕的，必须取得县、市公安机关核发的持枪证。猎捕者应当按照特许猎捕证、狩猎证规定的种类、数量、地点和期限进行猎捕。在自然保护区、禁猎区和禁猎期内，禁止猎捕和其他妨碍野生动物生息繁衍的活动。禁猎区和禁猎期以及禁止使用的猎捕工具和方法，由县级以上政府或者其野生动物行政主管部门规定。禁止使用军用武器、毒药、炸药进行猎捕。

5. 野生动物出境管制制度

运输、携带国家重点保护野生动物或者其产品出县境的，必须经省、自治区、直辖市人民政府野生动物行政主管部门或者其授权的单位批准。出口国家重点保护野生动物或者其产品的，进出口中国参加的国际公约所限制进出口的野生动物或者其产品的，必须经国务院野生动物行政主管部门或者国务院批准，并取得国家濒危物种进出口管理机构核发的允许进出口证明书。海关凭允许进出口证明书查验放行。

案例故事

“周老虎”事件

2007 年 10 月 12 日，陕西林业厅公布了陕西镇坪县猎人周某拍摄的华南虎照片。随后，照片真实性受到部分网友、华南虎专家的质疑，并引发全国性关注。15 日，网友称虎照源自年画，并将年画传到网上。紧接着，四川、广东等地相继发现相同年画。与此同时，年画生产商展示了 2002 年制作的存档底版图。2008 年 6 月 29 日，陕西省政府召开新闻发布会宣布，华南虎照片系周某造假，是用老虎画拍摄的假虎照。

熊的眼神

美国加利福尼亚州《熊权法规》里有十几条保护熊的条文，其中一条写道：“熊有权以它自己的方式来观察你，如果它的眼神使你感到不安，请你尽快走开。”

第三节 环境污染防治法

一、水污染防治的法律规定

（一）《水污染防治法》的适用范围

《水污染防治法》适用于中华人民共和国领域内的江河、湖泊、运河、渠道、水库等地表水体以及地下水体的污染防治。

2020 年 6 月 8 日，生态环境部、国家统计局、农业农村部三部门联合发布了《第二次全国污染源普查公报》，该次普查的标准时点为 2017 年 12 月 31 日，时期资料为 2017 年度。普查对象是我国境内排放污染物的工业污染源、农业污染源、生活污染源、集中式污染治理设施、移动源。该普查公报显示，全国水污染物排放量：

化学需氧量 2 143.98 万吨，氨氮 96.34 万吨，总氮 304.14 万吨，总磷 31.54 万吨，动植物油 30.97 万吨，石油类 0.77 万吨，挥发酚 244.10 吨，氰化物 54.73 吨，重金属（铅、汞、镉、铬和类金属砷，下同）182.54 吨。

七大流域（长江、黄河、珠江、松花江、淮河、海河、辽河）水污染物排放量：化学需氧量 1 957.48 万吨，氨氮 85.64 万吨，总氮 272.27 万吨，总磷 28.49 万吨，动植物油 28.00 万吨，石油类 0.69 万吨，挥发酚 203.55 吨，氰化物 46.84 吨，重金属 154.94 吨。

（二）水污染管理体制

县级以上人民政府应当将水环境保护工作纳入国民经济和社会发展规划。县级以上地方人民政府应当采取防治水污染的对策和措施，对本行政区域的水环境质量负责。国家实行水环境保护目标责任制和考核评价制度，将水环境保护目标完成情况作为对地方人民政府及其负责人考核评价的内容。

县级以上人民政府生态环境主管部门对水污染防治实施统一监督管理。交通主管部门的海事管理机构对船舶污染水域的防治实施监督管理。县级以上人民政府水行政、国土资源、卫生、建设、农业、渔业等部门以及重要江河、湖泊的流域水资源保护机构，在各自的职责范围内，对有关水污染防治实施监督管理。

（三）水环境标准制度

国务院生态环境主管部门制定国家水环境质量标准。省、自治区、直辖市人民政府可以对国家水环境质量标准中未作规定的项目，制定地方标准，并报国务院生态环境主管部门备案。国务院生态环境主管部门会同国务院水行政主管部门和有关省、自治区、直辖市人民政府，可以根据国家确定的重要江河、湖泊流域水体的使用功能以及有关地区的经济、技术条件，确定该重要江河、湖泊流域的省界水体适用的水环境质量标准，报国务院批准后施行。国务院生态环境主管部门根据国家水环境质量标准和国家经济、技术条件，制定国家水污染物排放标准。

省、自治区、直辖市人民政府对国家水污染物排放标准中未作规定的项目，可以制定地方水污染物排放标准；对国家水污染物排放标准中已作规定的项目，可以制定严于国家水污染物排放标准的地方水污染物排放标准。地方水污染物排放标准须报国务院生态环境主管部门备案。

（四）水污染的监督管理制度

1. 规划制度

防治水污染应当按流域或者按区域进行统一规划。国家确定的重要江河、湖泊的流域水污染防治规划，由国务院生态环境主管部门会同国务院经济综合宏观调控、水行政等部门和有关省、自治区、直辖市人民政府编制，报国务院批准。

2. 建设项目管理制度

新建、改建、扩建直接或者间接向水体排放污染物的建设项目和其他水上设施，应当依法进行环境影响评价。建设单位在江河、湖泊新建、改建、扩建排污口的，应当取得水行政主管部门或者流域管理机构同意；涉及通航、渔业水域的，生态环境主管部门在审批环境影响评价文件时，应当征求交通、渔业主管部门的意见。

建设项目的水污染防治设施，应当与主体工程同时设计、同时施工、同时投入使用。水污染防治设施应当经过生态环境主管部门验收，验收不合格的，该建设项目不得投入生产或者使用。

3. 排污申报和许可制度

直接或者间接向水体排放污染物的企业、事业单位和个体工商户，应当按照国务院生态环境主管部门的规定，向县级以上地方人民政府生态环境主管部门申报登记拥有的水污染物排放设施、处理设施和在正常作业条件下排放水污染物的种类、数量和浓度，并提供防治水污染方面的有关技术资料。

4. 重点水污染物排放总量控制制度

省、自治区、直辖市人民政府应当按照国务院的规定削减和控制本行政区域的重点水污染物排放总量，并将重点水污染物排放总量控制指标分解落实到市、县人民政府。市、县人民政府根据本行政区域重点水污染物排放总量控制指标的要求，将重点水污染物排放总量控制指标分解落实到排污单位。

（五）饮用水水源和其他特殊水体保护

国家建立饮用水水源保护区制度。饮用水水源保护区分为一级保护区和二级保护区；必要时，可以在饮用水水源保护区外围划定一定的区域作为准保护区。饮用水水源保护区的划定，由有关市、县人民政府提出划定方案，报省、自治区、直辖市人民政府批准；跨市、县饮用水水源保护区的划定，由有关市、县人民政府协商提出划定方案，报省、自治区、直辖市人民政府批准；协商不成的，由省、自治区、直辖市人民政府生态环境主管部门会同同级水行政、国土资源、卫生、建设等部门提出划定方案，征求同级有关部门的意见后，报省、自治区、直辖市人民政府批准。

跨省、自治区、直辖市的饮用水水源保护区，由有关省、自治区、直辖市人民政府商有关流域管理机构划定；协商不成的，由国务院生态环境主管部门会同同级水行政、国土资源、卫生、建设等部门提出划定方案，征求国务院有关部门的意见后，报国务院批准。

国务院和省、自治区、直辖市人民政府可以根据保护饮用水水源的实际需要，调整饮用水水源保护区的范围，确保饮用水安全。有关地方人民政府应当在饮用水水源保护区的边界设立明确的地理界标和明显的警示标志。在饮用水水源保护区内，禁止设置排污口。禁止在饮用水水源一级保护区内新建、改建、扩建与供水设施和保护水源无关的建设项目；已建成的与供水设施和保护水源无关的建设项目，由县级以上人民政府责令拆除或者关闭。

（六）水污染事故处置

各级人民政府及其有关部门，可能发生水污染事故的企业、事业单位，应当依照《中华人民共和国突发事件应对法》的规定，做好突发水污染事故的应急准备、应急处置和事后恢复等工作。

可能发生水污染事故的企业、事业单位，应当制定有关水污染事故的应急方案，做好应急准备，并定期进行演练。生产、储存危险化学品的企业、事业单位，应当采取措施，防止在处理安全生产事故过程中产生的可能严重污染水体的消防废水、废液直接排入水体。

企业、事业单位发生事故或者其他突发性事件，造成或者可能造成水污染事故的，应当立即启动本单位的应急方案，采取应急措施，并向事故发生地的县级以上地方人民政府或者生态环境主管部门报告。生态环境主管部门接到报告后，应当及时向本级人民政府报告，并抄送有关部门。

造成渔业污染事故或者渔业船舶造成水污染事故的，应当向事故发生地的渔业主管部门报告，接受调查处理。其他船舶造成水污染事故的，应当向事故发生地的海事管理机构报告，接受调查处理；给渔业造成损害的，海事管理机构应当通知渔业主管部门参与调查处理。

二、大气污染防治的法律规定

根据2020年发布的《第二次全国污染源普查公报》，全国大气污染物排放量为：二氧化硫696.32万吨，氮氧化物1 785.22万吨，颗粒物1 684.05万吨。本次普查对部分行业和领域挥发性有机物进行了尝试性调查，排放量为1 017.45万吨。

（一）监督管理体制

县级以上人民政府生态环境主管部门对大气污染防治实施统一监督管理。各级公安、交通、渔业管理部门根据各自的职责，对机动车船污染大气实施监督管理。县级以上人民政府其他有关主管部门在各自职责范围内对大气污染防治实施监督管理。

（二）大气标准制度

国务院生态环境主管部门制定国家大气环境质量标准。省、自治区、直辖市人民政府对国家大气环境质量标准中未作规定的项目，可以制定地方标准，并报国务院生态环境主管部门备案。国务院生态环境主管部门根据国家大气环境质量标准和国家经济、技术条件制定国家大气污染物排放标准。

省、自治区、直辖市人民政府对国家大气污染物排放标准中未作规定的项目，可以制定地方排放标准；对国家大气污染物排放标准中已作规定的项目，可以制定严于国家排放标准的地方排放标准。地方排放标准须报国务院生态环境主管部门备案。

（三）监督管理制度

1. 建设项目管理制度

新建、扩建、改建向大气排放污染物的项目，必须遵守国家有关建设项目环境保护管理的规定。建设项目的环境影响报告书，必须对建设项目可能产生的大气污染和对生态环境的影响作出评价，规定防治措施，并按照规定的程序报生态环境主管部门审查批准。建设项目投入生产或者使用之前，其大气污染防治设施必须经过生态环境主管部门验收，达不到国家有关建设项目环境保护管理规定的要求的建设项目，不得投入生产或者使用。

2. 排污申报和许可制度

向大气排放污染物的单位，必须按照国务院生态环境主管部门的规定向所在地的生态环境主管部门申报拥有的污染物排放设施、处理设施和在正常作业条件下排放污染物的种类、数量、浓度，并提供防治大气污染方面的有关技术资料。

3. 大气质量监测制度

国务院生态环境主管部门建立大气污染监测制度，组织监测网络，制定统一的监测方法。大、中城市人民政府生态环境主管部门应当定期发布大气环境质量状况公报，并逐步开展大气环境质量预报工作。大气环境质量状况公报应当包括城市大气环境污染特征、主要污染物的种类及污染危害程度等内容。

4. 强制应急制度

单位因发生事故或者其他突然性事件，排放和泄漏有毒有害气体和放射性物质，造成或者可能造成大气污染事故、危害人体健康的，必须立即采取防治大气污染危害的应急措施，通报可能受到大气污染危害的单位和居民，并报告当地生态环境主管部门，接受调查处理。在大气受到严重污染，危害人体健康和安全的紧急情况下，当地人民政府应当及时向当地居民公告，采取强制性应急措施，包括责令有关排污单位停止排放污染物。

三、固体废物污染防治的法律规定

（一）《固体废物污染环境防治法》的适用范围

《固体废物污染环境防治法》适用于中华人民共和国境内固体废物污染环境的防治。

（二）监督管理体制

国务院生态环境主管部门对全国固体废物污染环境防治工作实施统一监督管理。国务院有关部门在各自职责范围内负责固体废物污染环境防治的监督管理工作。地方人民政府生态环境主管部门对本行政区域固体废物污染环境防治工作实施统一监督管理。地方人民政府有关部门在各自职责范围内负责固体废物污染环境防治的监督管理工作。设区的市级以上人民政府环境卫生主管部门应当制定生活垃圾清扫、收集、贮存、运输和处理设施、场所建设运行规范，发布生活垃圾分类指导目录，加强监督管理。

（三）监督管理制度

1. 建设项目管理制度

建设产生、贮存、利用、处置固体废物的项目，应当依法进行环境影响评价，并遵守国家有关建设项目环境保护管理的规定。建设项目的环境影响评价文件确定需要配套建设的固体废物污染环境防治设施，应当与主体工程同时设计、同时施工、同时投入使用。建设项目的初步设计，应当按照环境保护设计规范的要求，将固体废物污染环境防治内容纳入环境影响评价文件，落实防治固体废物污染环境和破坏生态的措施以及固体废物污染环境防治设施投资概算。建设单位应当依照有关法律法规的规定，对配套建设的固体废物污染环境防治设施进行验收，编制验收报告，并向社会公开。

2. 现场检查制度

生态环境主管部门及其环境执法机构和其他负有固体废物污染环境防治监督管理职责的部门，在各自职责范围内有权对从事产生、收集、贮存、运输、利用、处置固体废物等活动的单位和其他生产经营者进行现场检查。被检查者应当如实反映情况，并提供必要的资料。实施现场检查，可以采取现场监测、采集样品、查阅或者复制与固体废物污染环境防治相关的资料等措施。检查人员进行现场检查，应当出示证件。对现场检查中知悉的商业秘密应当保密。

（四）2020 年《固体废物污染环境防治法》修订的主要亮点

2020 年 4 月 29 日修订的《固体废物污染环境防治法》是依法推动打好污染防治攻坚战的迫切需要，是健全最严格、最严密生态环境保护法律制度和强化公共卫生法治保障的重要举措 。

亮点一：国家推行生活垃圾分类制度

党的十九届四中全会决定中提出，普遍实行垃圾分类制度。《固体废物污染环境防治法》明确规定：生活垃圾分类坚持政府推动、全民参与、城乡统筹、因地制宜、简便易行的原则。

亮点二：治理产品过度包装和塑料污染问题

明确有关部门要加强产品生产和流通过程管理，避免过度包装。国家禁止、限制生产、销售和使用不可降解塑料袋等一次性塑料制品，推广应用可循环、易回收、可降解的替代产品。

亮点三：强化建筑垃圾污染环境防治制度

要求政府加强建筑垃圾污染环境的防治，建立分类处理制度，制定包括源头减量、分类处理、消纳设施和场所布局及建设等在内的建筑垃圾污染环境防治工作规划。

亮点四：加强医疗废物的管理制度

新冠疫情防控对固体废物管理提出了新要求，主要是切实加强医疗废物特别是应对重大传染病疫情过程中医疗废物的管理。

四、土壤污染防治法

（一）土壤污染防治立法

土壤污染，是指因人为因素导致某种物质进入陆地表层土壤，引起土壤化学、物理、生物等方面特性的改变，影响土壤功能和有效利用，危害公众健康或者破坏生态环境的现象。

2018 年 8 月 31 日，十三届全国人大常委会第五次会议通过了《土壤污染防治法》。该法自 2019 年 1 月 1 日起施行。

《土壤污染防治法》的制定意义重大：一是贯彻落实党中央有关土壤污染防治的决策部署；二是完善中国特色社会主义法律体系，尤其是生态环境保护、污染防治的法律制度体系；三是为我国开展土壤污染防治工作，扎实推进“净土保卫战”提供法治保障。

《土壤污染防治法》明确土壤污染防治应当坚持预防为主、保护优先、分类管理、风险管控、污染担责、公众参与的原则。

（二）我国土壤污染防治监督管理体制

国家实行土壤污染防治目标责任制和考核评价制度，将土壤污染防治目标完成情况作为考核评价地方各级人民政府及其负责人、县级以上人民政府负有土壤污染防治监督管理职责的部门及其负责人的内容。各级人民政府应当加强对土壤污染防治工作的领导，组织、协调、督促有关部门依法履行土壤污染防治监督管理职责。

国务院生态环境主管部门对全国土壤污染防治工作实施统一监督管理；国务院农业农村、自然资源、住房城乡建设、林业草原等主管部门在各自职责范围内对土壤污染防治工作实施监督管理。

地方人民政府生态环境主管部门对本行政区域土壤污染防治工作实施统一监督管理；地方人民政府农业农村、自然资源、住房城乡建设、林业草原等主管部门在各自职责范围内对土壤污染防治工作实施监督管理。

国家建立土壤环境信息共享机制。国务院生态环境主管部门应当会同国务院农业农村、自然资源、住房城乡建设、水利、卫生健康、林业草原等主管部门建立土壤环境基础数据库，构建全国土壤环境信息平台，实行数据动态更新和信息共享。

（三）2018 年《土壤污染防治法》的主要亮点

亮点一：对土壤污染行为严惩重罚，罚款最高可达 200 万元

根据《土壤污染防治法》第 86 条的规定，有未依照法律法规和相关标准的要求采取措施防治土壤污染的，处 2 万元以上 20 万元以下的罚款，造成严重后果的，处

20 万元以上 200 万元以下的罚款。

亮点二：建立土壤污染责任人制度

“谁污染谁治理”是《土壤污染防治法》的基本原则，土壤污染责任人制度是该原则的具体体现。

亮点三：建立土壤污染防治基金制度

设立中央土壤污染防治专项资金和省级土壤污染防治基金，主要用于农用地土壤污染防治和土壤污染责任人或者土地使用权人无法认定的土壤污染风险管控和修复以及政府规定的其他事项。

案例故事

棕熊偷蜂蜜案

一只棕熊被指控偷了人家的蜂蜜。养蜂人佐汉·基瑟洛斯基想尽一切办法阻止这只棕熊靠近蜂箱，包括播放嘈杂的音乐、打开刺眼的灯光等。别的动物可能都会被这些大阵势吓走，可是这只胆大包天的棕熊根本不理这一套，屡次跑来搞破坏。无奈之下，基瑟洛斯基只好把它告上法庭，而且赢了官司。鉴于棕熊并没有可以为它作出赔偿的主人，所以法庭判决由基瑟洛斯基所在的地方政府赔偿他 1 700 英镑的损失。

知识链接

《寂静的春天》

1962 年，美国生物学家蕾切尔·卡逊出版了一部科普图书，名叫《寂静的春天》。她以生动而严肃的笔触，描写了一个美丽的村镇因过度使用化学药品和肥料而导致环境污染、生态破坏，最终春天里再也听不到鸟鸣声了，《寂静的春天》由此得名。《寂静的春天》是人类首次关注环境问题的著作。它那惊世骇俗的关于农药危害人类环境的预言，虽然受到与之利害攸关的生产与经济部门的猛烈抨击，但也强烈震撼了广大民众。

案例思考

2005 年 11 月 13 日，中国石油天然气股份有限公司吉林分公司双苯厂的苯胺车间因操作错误发生剧烈爆炸，同时引起大火，并导致 100 多吨苯类物质进入松花江水体，造成对整个松花江流域生态环境的严重破坏。12 月 17 日，北京大学的三位著名教授和三位研究生向黑龙江省高级人民法院提起了国内第一起以自然物（鲟鳇鱼、松花江、太阳岛）为共同原告的环境民事公益诉讼，要求法院判决被告赔偿100亿元人民币用于设立流域治理污染基金，以恢复松花江流域的生态平衡，保障鲟鳇鱼的生存环境、松花江和太阳岛的环境清洁的权利。

问题：你如何看待这起公益诉讼？

第八章 诉讼法

程序是法治和恣意而治的分水岭
法官只有一个上司，那就是神圣的法律

学习目标

知识目标

◆ 了解诉讼法的一般知识

素养目标

◆ 结合诉讼法知识，能对当下发生的典型案例和热点事件进行正确解读，弘扬社会主义核心价值观

知识要点

◆ 刑事诉讼程序

◆ 民事诉讼程序

◆ 行政诉讼的受案范围与管辖

第一节 刑事诉讼

一、刑事诉讼的概念和基本原则

刑事诉讼指国家司法机关在当事人及其他诉讼参与人的参加下，依照法定程序解决刑事具体案件的专门活动。

刑事诉讼的具体任务包括：

（1）保证准确、及时地查明犯罪事实，正确适用法律，惩罚犯罪分子，保障无罪的人不受刑事追究。

（2）教育公民自觉遵守法律，积极同犯罪分子作斗争，以维护社会主义法制，保护公民的人身权利、财产权利、民主权利和其他权利，保障社会主义建设事业的顺利进行。

刑事诉讼坚持以下基本原则：

（1）专门机关依法独立行使职权原则。

（2）公检法三机关分工负责、互相配合、互相制约原则。

（3）检察监督原则。

（4）用本民族语言、文字进行诉讼原则。

（5）被告人有权获得辩护原则。

（6）保障诉讼参与人依法享有诉讼权利原则。

（7）未经人民法院依法判决，对任何人不得确定有罪原则。

（8）有法定情形不追究刑事责任原则。

二、管辖

管辖是指公安、司法机关受理刑事案件时在权限上的分工。具体来讲就是哪些案件应当由公安机关立案受理，哪些案件应当由人民检察院立案受理，哪些案件应当由人民法院立案受理。由人民法院受理的第一审刑事案件，应当由哪一级人民法院审判，在同级法院中应当由哪个人民法院审判。

根据《刑事诉讼法》的规定，我国刑事诉讼中的管辖分为两大类：一是立案管辖；二是审判管辖。

（一）立案管辖

刑事案件的侦查由公安机关进行，法律另有规定的除外。人民检察院在对诉讼活动实行法律监督中发现的司法工作人员利用职权实施的非法拘禁、刑讯逼供、非法搜查等侵犯公民权利、损害司法公正的犯罪，可以由人民检察院立案侦查。对于公安机关管辖的国家机关工作人员利用职权实施的重大犯罪案件，需要由人民检察院直接受理的时候，经省级以上人民检察院决定，可以由人民检察院立案侦查。自诉案件，由人民法院直接受理。

（二）审判管辖

基层人民法院管辖第一审普通刑事案件，但是依照《刑事诉讼法》由上级人民法院管辖的除外。中级人民法院管辖下列第一审刑事案件：危害国家安全、恐怖活动案件；可能判处无期徒刑、死刑的案件。刑事案件由犯罪地的人民法院管辖，如果由被告人居住地的人民法院审判更为适宜的，可以由被告人居住地的人民法院管辖。几个同级人民法院都有权管辖的案件，由最初受理的人民法院审判。在必要的时候，可以移送主要犯罪地的人民法院审判。

三、辩护和代理

（一）辩护

辩护是指在刑事诉讼中，犯罪嫌疑人、被告人及其辩护人针对指控进行反驳、申辩和辩解的诉讼行为。辩护权是法律赋予犯罪嫌疑人、被告人的一项专属的诉讼权利。犯罪嫌疑人、被告人行使辩护权的具体方式有两种：一种是自行辩护，即犯罪嫌疑人、被告人本人进行辩护；另一种是通过辩护人进行辩护，即由犯罪嫌疑人、被告人委托的辩护人或者在必要的时候由人民法院指定的辩护人进行辩护。

（二）代理

刑事诉讼中的代理，包括公诉案件的代理、附带民事诉讼的代理和自诉案件的代理。

四、证据

（一）证据的概念

根据《刑事诉讼法》的规定，可以用于证明案件事实的材料，都是证据。因此，刑事诉讼证据是指证明犯罪事实是否存在，被告人是否有罪和罪责轻重，以及其他有关案件真实情况的一切材料。

（二）证据的种类

《刑事诉讼法》规定的证据有八种：（1）物证；（2）书证；（3）证人证言；（4）被

害人陈述；（5）犯罪嫌疑人、被告人供述和辩解；（6）鉴定意见；（7）勘验、检查、辨认、侦查实验等笔录；（8）视听资料、电子数据。

证据必须经过查证属实，才能作为定案的根据。

五、强制措施

强制措施是司法机关在刑事诉讼中为了有效地同犯罪作斗争，保证刑事诉讼的顺利进行，依法对犯罪嫌疑人、被告人采取的限制或剥夺人身自由的方法或手段。

《刑事诉讼法》规定的强制措施有拘传、取保候审、监视居住、拘留和逮捕五种。根据《刑事诉讼法》第91条的规定，一般的刑事拘留期限为不超过14天，对于流窜作案、多次作案、结伙作案的重大嫌疑分子，刑事拘留期限最长为37天。

六、刑事审判程序

刑事案件一般要经过立案、侦查、提起诉讼、审判、执行五个阶段。这里仅介绍审判程序。我国《刑事诉讼法》规定了下述几种基本的审判程序。

（一）第一审程序

第一审程序，是指人民法院对人民检察院提起公诉、自诉人提起自诉的案件进行初次审判时应当遵循的方式、方法。依照起诉主体的不同，第一审刑事案件可以分为公诉案件和自诉案件。公诉案件第一审程序包括庭前审查、庭前准备、法庭审判等诉讼环节。

（二）第二审程序

第二审程序又称上诉审程序，是指上一级人民法院根据上诉或抗诉，对下一级人民法院作出的未生效的判决和裁定进行第二次审理的诉讼程序。有权提起上诉的主体有被告人、自诉人和他们的法定代理人，被告人的辩护人和近亲属及附带民事诉讼的当事人及其法定代理人。

第二审人民法院对二审案件依法进行审理后，分别根据情况作出以下处理：（1）原判决认定事实和适用法律正确、量刑适当的，应当裁定驳回上诉或者抗诉，维持原判；（2）原判决认定事实没有错误，但适用法律有错误或者量刑不当的，应当改判；（3）原判决事实不清楚或者证据不足的，可以在查清事实后改判，也可以裁定撤销原判，发回原审人民法院重新审判。

第二审人民法院审理被告人或者他的法定代理人、辩护人、近亲属上诉的案件，不得加重被告人的刑罚，但人民检察院提出抗诉或者自诉人提出上诉的，不受此限。

第二审的判决、裁定是终审的判决、裁定。

（三）死刑复核程序

死刑复核程序是我国刑事诉讼中的一种特殊程序，是指对死刑案件进行复查核准的一种特别审判程序。

死刑复核程序的内容包括两个方面：一是审查，即对判处死刑裁决认定事实是否清楚，证据是否确凿充分，适用法律是否准确，判处死刑是否得当等进行全面审查。二是核准，即有核准权的人民法院经过审核以后，决定是否核准已判处死刑的判决或裁定。

（四）审判监督程序

审判监督程序是指人民法院对已经生效的判决、裁定，发现其在认定事实或适用法律上确有错误，依法进行再审的诉讼程序。

第二节 民事诉讼

一、民事诉讼的概念

民事诉讼是人民法院在双方当事人和其他诉讼参与人参加下，审理和解决民事案件、经济纠纷案件的活动。

二、民事诉讼的原则与主要制度

（一）民事诉讼的原则

（1）当事人诉讼地位平等原则。

（2）辩论原则。

（3）自愿合法调解原则。

（4）处分原则。

（5）支持起诉原则。

（二）民事诉讼的主要制度

（1）合议制度。

（2）回避制度。

（3）公开审判制度。

（4）两审终审制度。

三、管辖

管辖，是指各级人民法院和同级人民法院之间受理第一审民事案件的分工和权限。根据我国《民事诉讼法》的规定，管辖包括以下三类：

（1）级别管辖。基层人民法院管辖第一审民事案件。中级人民法院管辖下列第一审民事案件：重大涉外案件；在本辖区有重大影响的案件；最高人民法院确定由中级人民法院管辖的案件。高级人民法院管辖在本辖区有重大影响的第一审民事案件。最高人民法院管辖下列第一审民事案件：在全国有重大影响的案件；认为应当由本院审理的案件。

（2）地域管辖。对自然人提起的民事诉讼，由被告住所地人民法院管辖；被告住所地与经常居住地不一致的，由经常居住地人民法院管辖。对法人或者非法人组织提起的民事诉讼，由被告住所地人民法院管辖。同一诉讼的几个被告住所地、经常居住地在两个以上人民法院辖区的，各该人民法院都有管辖权。

（3）专属管辖。因不动产纠纷提起的诉讼，由不动产所在地人民法院管辖；因港口作业中发生纠纷提起的诉讼，由港口所在地人民法院管辖；因继承遗产纠纷提起的诉讼，由被继承人死亡时住所地或者主要遗产所在地人民法院管辖。

四、诉讼参加人

民事诉讼参加人是指参加民事诉讼的当事人和诉讼代理人。

（一）当事人

民事诉讼的当事人，是指因民事权利义务发生争议而进行诉讼，并受人民法院裁判约束的利害关系人。当事人包括：

（1）原告和被告。

（2）共同诉讼人。共有财产权受到他人侵害，部分共有权人起诉的，其他共有权人为共同诉讼人。

（3）第三人。第三人是指对他人争议的诉讼标的有独立请求权，或者虽无独立的请求权，但案件的处理结果与其有法律上的利害关系，而参加到已经开始的诉讼中进行诉讼的人。

（二）诉讼代理人

诉讼代理人是指为了被代理人的利益，以被代理人的名义，在法定的、指定的或者委托的权限范围内进行诉讼活动的人。诉讼代理权基于法律规定、法院指定、当事人委托而产生，诉讼代理人相应分为法定代理人、指定代理人和委托代理人。

当事人、法定代理人可以委托一至二人作为诉讼代理人。下列人员可以被委托为诉讼代理人：律师、基层法律服务工作者；当事人的近亲属或者工作人员；当事人所在社区、单位以及有关社会团体推荐的公民。

委托他人代为诉讼，必须向人民法院提交由委托人签名或者盖章的授权委托书。授权委托书必须记明委托事项和权限。诉讼代理人代为承认、放弃、变更诉讼请求，进行和解，提起反诉或者上诉，必须有委托人的特别授权。

五、财产保全和先予执行

（一）财产保全

财产保全，是指遇有有关的财产可能被转移、隐匿、毁灭等情形，从而可能造成对利害关系人权益的损害或可能使人民法院将来的判决难以执行或不能执行时，根据利害关系人或当事人的申请或人民法院的决定，而对有关财产采取保护措施的制度。财产保全限于请求的范围或与本案有关的财物。

（二）先予执行

先予执行，是指人民法院在终局判决之前，为解决权利人生活或生产经营的急需，依法裁定义务人预先履行义务的制度。先予执行适用的案件范围是：第一，追索赡养费、扶养费、抚养费、抚恤金、医疗费用的案件；第二，追索劳动报酬的案件；第三，因情况紧急需要先予执行的案件。

六、对妨害民事诉讼的强制措施

对妨害民事诉讼的强制措施，是指在民事诉讼中，对有妨害民事诉讼秩序的行为人采用的排除其妨害民事诉讼行为的一种强制措施。

根据我国《民事诉讼法》的规定，对妨害民事诉讼的强制措施的种类有以下五种：拘传、训诫、责令退出法庭、罚款、拘留。其中司法拘留最长不超过15天。

七、民事审判程序

（一）第一审普通程序

普通程序是人民法院审理第一审民事案件、经济纠纷案件通常适用的程序。

1. 起诉和受理

起诉，是指原告向人民法院请求司法保护的诉讼行为。起诉必须具备以下四个条件：

（1）原告是与本案有直接利害关系的自然人、法人和非法人组织。

（2）有明确的被告。

（3）有具体的诉讼请求和事实、理由。

（4）属于人民法院受理民事诉讼的范围和受诉人民法院管辖。

以上四个条件，在起诉时必须同时具备。

人民法院收到起诉状后，应当进行审查。人民法院经审查，认为起诉符合法定条件的，应当受理。起诉一经受理，就标志着某一具体的民事诉讼程序的开始。

2. 审理前的准备

审理前的准备，是指人民法院受理案件以后至开庭审理之前，为保证庭审的正常进行，由审判本案的合议庭进行的一系列诉讼活动。审理前的准备是适用普通程序审理民事案件的法定程序，人民法院在受理了原告的起诉后，尚不能立即进入开庭审理阶段，还必须经过一个庭前准备阶段。

3. 开庭审理

开庭审理的程序如下：

（1）开庭。

（2）法庭调查。根据《民事诉讼法》的规定，法庭调查按下列顺序进行：第一，当事人陈述；第二，告知证人的权利义务，证人作证，宣读未到庭的证人证言；第三，出示书证、物证、视听资料和电子数据；第四，宣读鉴定意见；第五，宣读勘验笔录。

（3）法庭辩论。法庭辩论是当事人就如何认定事实和适用法律进行辩论。当事人可以根据法庭调查的材料，对于证据的证明力、事实的认定，以及适用什么法律及理由，向法庭提出自己的意见。

（4）法庭调解。根据《民事诉讼法》的规定，法庭辩论终结，应当依法作出判决。判决前能够调解的，还可以进行调解，调解不成的，应当及时判决。

（5）合议庭评议。

（6）宣判。

4. 撤诉

撤诉是指在诉讼过程中，当事人向人民法院撤回其已提起的民事之诉，并由人民法院予以审查决定的制度。申请撤诉的条件是：

（1）必须是原告提出申请。

（2）必须向受诉法院提出。

（3）必须在诉讼程序开始之后、人民法院宣告判决之前提出。

申请撤诉是否准许由人民法院裁定。

5. 缺席判决

缺席判决是指人民法院在当事人一方不出庭的情况下作出判决。在这种情况下，人民法院仅就到庭的一方当事人进行调查、审核证据，并对未到庭一方当事人的起诉状或答辩状及有关证据进行审查后，依法作出判决。

（二）简易程序

简易程序是指基层人民法院及其派出的人民法庭审理事实清楚、权利义务关系明确、争议不大的简单的民事案件所适用的程序。人民法院适用简易程序审理案件，应当在立案之日起三个月内审结。有特殊情况需要延长的，经本院院长批准，可以延长一个月。基层人民法院和它派出的法庭审理事实清楚、权利义务关系明确、争议不大的简单金钱给付民事案件，标的额为各省、自治区、直辖市上年度就业人员年平均工资百分之五十以下的，适用小额诉讼的程序审理，实行一审终审。适用简易程序的案件，案件受理费减半收取。

（三）公益诉讼

《民事诉讼法》第 58 条规定：对污染环境、侵害众多消费者合法权益等损害社会公共利益的行为，法律规定的机关和有关组织可以向人民法院提起诉讼。人民检察院在履行职责中发现破坏生态环境和资源保护、食品药品安全领域侵害众多消费者合法权益等损害社会公共利益的行为，在没有前款规定的机关和组织或者前款规定的机关和组织不提起诉讼的情况下，可以向人民法院提起诉讼。前款规定的机关或者组织提起诉讼的，人民检察院可以支持起诉。

（四）第二审程序

第二审程序是指民事诉讼当事人不服地方各级人民法院的第一审未生效的民事判决、裁定，向上一级人民法院提起上诉，上一级人民法院依法进行审理所适用的程序。启动第二审程序需要具备下列条件：

（1）提起上诉的主体应当是第一审案件的直接利害关系人。

（2）提起上诉的客体必须是依法允许上诉的判决或裁定。

（3）必须在法定期限内提起上诉，对判决提起上诉的期限为 15 日，对裁定提起上诉的期限为 10 日。

（4）必须提交上诉状。

我国民事案件审理实行的是两审终审制，就是一个案件经过两次审判（两级法院的审判）就生效。但不是所有的案件都要经过两级法院的审判。

案例故事

偷录办公电脑上的微信聊天记录能否作证据使用？

小刘及其他两名员工建立微信群，在群中聊天称林某（主管领导）“没管理能力”“两面三刀”等。小刘离职后，林某收回小刘用的办公电脑时，电脑未关机，遂通过脱机状态翻看微信历史聊天记录，并对小刘等人的聊天记录通过电脑自带录屏功能进行取证。林某认为，小刘等三人在微信群中对其诽谤谩骂，侵犯其名誉权，于是向法院起诉。

法院经审理认为，涉案办公电脑虽应用于工作用途，但微信作为常用的即时通信软件，微信软件中的聊天记录不必然全部为工作内容，还可能包含使用者不愿为他人知晓的私人生活聊天记录，即私密信息。小刘在林某取证时已通过手机退出微信，明确表达了其不愿他人知晓微信聊天记录的意愿。林某取证过程中，在明知微信聊天记录可能存在隐私信息的情况下，未经允许翻看小刘个人微信账户中聊天记录的行为，构成对他人合法权益的侵害。本案中，虽获悉涉案微信聊天记录为证明侵权言论存在的前提性条件，除此之外，几乎缺乏其他更为缓和的取证手段，但从林某取证过程看，其并非明确出于取证之目的、情势所迫而实施的上述行为，亦非偶然获悉涉案微信聊天内容，而是在明知可能侵犯他人隐私权的情况下，通过翻看他人微信聊天记录从而获悉的涉案内容，侵权在先而取证在后。从目前利益衡量的情况看，原告欲通过侵害他人隐私权的方式，追究他人在私人群聊时可能侵害其名誉权的责任，该方式超过其维权必要。因此法院驳回了林某的起诉。

（五）督促程序

督促程序是人民法院根据债权人的申请，向债务人发布附有条件的支付令，催促债务人在法定期限内向债权人清偿债务的一种程序。

根据《民事诉讼法》的规定，申请支付令必须符合以下几个条件：

（1）请求内容必须为金钱或有价证券之给付。

（2）债权人与债务人之间没有其他债务纠纷。

（3）支付令能够送达债务人。

（4）由债权人提出书面申请。

（5）支付令申请只能向有管辖权的人民法院提出。

（六）公示催告程序

公示催告程序是指在可以背书转让的票据被盗、遗失或灭失的情况下，人民法院根据票据持有人的申请，以公告的方式，催促利害关系人在法定期限内申报权利，否则宣告该票据无效的程序。公示催告程序因票据持有人的申请而提起。申请公示催告必须具备以下条件：

（1）可以背书转让的票据发生被盗、遗失或者灭失的情况。

（2）由票据持有人提出申请。

（3）向人民法院递交申请书。

八、执行程序

执行程序是指根据法院判决、裁定及其他法律文书的规定，由法定组织和人员运用国家的强制力量，强制民事诉讼当事人履行所负义务的程序。它的发生，必须具备以下条件：

（1）民事执行必须有执行根据，没有法律文书作根据，执行程序就不能开始。

（2）作为执行根据的法律文书，必须已经发生法律效力。

（3）作为执行根据的法律文书，必须具有给付内容。

（4）引起执行程序发生的前提条件，必须是负有义务的一方当事人故意拖延或拒绝履行义务。

当事人申请执行的期间为二年。

第三节　行政诉讼

一、行政诉讼的概念

行政诉讼是指自然人、法人或者非法人组织认为行政机关或法律法规授权的组织作出的行政行为侵犯其合法权益，依法定程序向人民法院起诉，人民法院对被诉行为的合法性进行审查并作出裁决的活动。

二、行政诉讼的基本原则

行政诉讼除坚持共同的司法原则外，还具有以下特殊原则：

（1）当事人选择复议原则。

（2）审查具体行政行为合法性原则。

（3）具体行政行为不因诉讼而停止执行原则。

（4）不适用调解原则。

（5）司法变更权有限原则。

（6）被告行政机关负举证责任原则等。

三、行政诉讼的受案范围与管辖

（一）行政诉讼的受案范围

《行政诉讼法》根据我国的具体情况，在确定人民法院受理行政案件的范围时，从肯定与否定两方面作出规定。

1. 行政诉讼的具体受案范围

人民法院受理自然人、法人或者非法人组织提起的下列诉讼：

（1）对行政拘留、暂扣或者吊销许可证和执照、责令停产停业、没收违法所得、没收非法财物、罚款、警告等行政处罚不服的。

（2）对限制人身自由或者对财产的查封、扣押、冻结等行政强制措施和行政强制执行不服的。

（3）申请行政许可，行政机关拒绝或者在法定期限内不予答复，或者对行政机关作出的有关行政许可的其他决定不服的。

（4）对行政机关作出的关于确认土地、矿藏、水流、森林、山岭、草原、荒地、滩涂、海域等自然资源的所有权或者使用权的决定不服的。

（5）对征收、征用决定及其补偿决定不服的。

（6）申请行政机关履行保护人身权、财产权等合法权益的法定职责，行政机关拒绝履行或者不予答复的。

（7）认为行政机关侵犯其经营自主权或者农村土地承包经营权、农村土地经营权的。

（8）认为行政机关滥用行政权力排除或者限制竞争的。

（9）认为行政机关违法集资、摊派费用或者违法要求履行其他义务的。

（10）认为行政机关没有依法支付抚恤金、最低生活保障待遇或者社会保险待遇的。

（11）认为行政机关不依法履行、未按照约定履行或者违法变更、解除政府特许经营协议、土地房屋征收补偿协议等协议的。

（12）认为行政机关侵犯其他人身权、财产权等合法权益的。

（13）法律法规规定可以提起诉讼的其他行政案件。

2. 不予受理范围

《行政诉讼法》规定了司法审查的排除性条款，即明确规定人民法院不受理自然人、法人或者非法人组织对下列事项提起的诉讼：

（1）国防、外交等国家行为。

（2）行政法规、规章或者行政机关制定、发布的具有普遍约束力的决定、命令。

（3）行政机关对行政机关工作人员的奖惩、任免等决定（即所谓的内部行政行为）。

（4）法律规定由行政机关最终裁决的行政行为。

（二）行政诉讼管辖

行政诉讼管辖分为级别管辖、地域管辖和裁定管辖三类。

四、行政诉讼参加人

行政诉讼参加人，是指因与引起争议的具体行政行为存在直接利害关系，而参加行政诉讼的整个过程或者主要阶段的人及与他们的诉讼地位相类似的人。

行政诉讼参加人包括当事人和诉讼代理人。

五、行政诉讼程序

（一）行政诉讼的起诉和受理

起诉，是指自然人、法人或非法人组织认为行政机关和行政机关工作人员的具体行政行为侵犯了自己的合法权益，依照《行政诉讼法》和其他有关法律、法规的规定，要求人民法院行使审判权，对行政机关及其工作人员的具体行政行为进行司法审查和作出裁判的行为。

根据《行政诉讼法》的规定，提起诉讼应当符合下列条件：

（1）起诉人必须是行政行为的相对人以及其他与行政行为有利害关系的自然人、法人或者非法人组织。

（2）有明确的被告。

（3）有具体的诉讼请求和事实根据。

（4）属于人民法院受案范围和受诉人民法院管辖。

受理，是指人民法院对起诉人的起诉合法性进行审查，确认符合法定的起诉条件，决定立案予以受理的行为。

（二）行政诉讼的判决

1. 行政诉讼判决的法律适用

行政诉讼判决是人民法院依照法律对行政争议涉及的实体权利义务作出的司法决定。行政诉讼判决的法律根据有法律、行政法规、地方性法规。

2. 行政诉讼判决的种类

根据审级的不同，行政诉讼判决有两大类，即一审判决和二审判决。

（1）一审判决。

根据《行政诉讼法》的规定，第一审人民法院经过审理，根据不同情况，可分别作出维持判决、撤销判决、重新判决、履行判决和变更判决。

（2）二审判决。

根据《行政诉讼法》的规定，人民法院对上诉案件经过审理，可分别作出维持原判、依法改判或者撤销原判发回重审的判决。

案例故事

米兰达规则

喜欢看美国警匪片的人可能都对这句话耳熟能详："你有权保持沉默。你所说的一切都可能在法庭上作为不利于你的证据。"这就是米兰达规则的缩略版。简言之，米兰达规则是确保犯罪嫌疑人不自证其罪的一个规则。它其实是为了保障美国《宪法第五修正案》的程序性规定，因"米兰达案"而在美国变得家喻户晓。

"米兰达案"发生在1965年，一名叫欧内斯特·米兰达的有不良记录的年轻人绑架并强奸了一名18岁少女，因此被抓获并认罪。法院判决米兰达绑架和强奸两项罪名成立，判处刑期50年。米兰达根据美国《宪法第五修正案》"反对自我归罪"的规定，以警察未告知他沉默权，并强迫、威胁他写下供词，他是被欺骗而招供为由提出上诉，官司打到美国联邦最高法院。法院调查证明，虽然警察没有动手打人，没有刑讯逼供，但确有欺骗、强迫之举，违反了《宪法第五修正案》。这种情况之下，米兰达的证词被宣告无效，无效的证词不能作为定罪的依据。美国联邦最高法院9名大法官以5∶4的微弱多数，宣判米兰达无罪。同时，最高法院明确规定，在审讯之前，警察必须明确告诉被讯问者"你有权保持沉默"。

搞笑的律师

通常在人们的印象中，律师都很严肃，但下面所列的都是律师的可笑提问，所有提问均取自美国各州法院的卷宗。

1. 问：请问医生，当某人在睡眠中死去时，绝大多数情况下是安静地死去，直到次日早晨他才知道发生了什么事情，我说的对吗？

2. 问：战争中被杀死的究竟是你哥哥还是你？

3. 问：你最小的儿子，就是20岁的那个，他多大了？

4. 问：今天早上你在法庭上宣誓的时候，你是否在现场？

5. 问：你是单独在那里还是就你一个人在那里？

6. 问：我给你展示3秒钟，然后请你告诉我你能否辨认出这张照片？

答：照片里的人是我！

7. 问：她有三个孩子，对吗？

答：是的。

问：几个男孩？

答：没有男孩。

问：那她有几个女孩？

知识链接

辩诉交易制度

根据美国较为权威的《布莱克法律辞典》的解释，“辩诉交易是指在刑事被告人就较轻的罪名或者数项指控中的一项或几项作出有罪答辩以换取检察官的某种让步，通常是获得较轻的判决或者撤销其他指控的情况下，检察官和被告人之间经过协商达成的协议”。辩诉交易在美国有一个发展过程，在19世纪早期或者中期，辩诉交易处于“地下状态”，直到1970年，在“布朗迪诉美国”一案中，美国联邦最高法院正式确认了辩诉交易的合法性，接着在1974年7月1日修正施行的《联邦刑事诉讼规则》中，对辩诉交易作了明文规定，从此辩诉交易在美国迅速兴起。据说美国现在通过辩诉交易解决的刑事案件已经高达90%，甚至还要多。世界上采用对抗式诉讼程序的国家纷纷仿效，如英国、意大利、德国等。

陪审团制度

陪审团为法院中用以判定事实或被告是否有罪（视乎各地法律而定）的团体，多见于英美法国家。目前司法制度中采用陪审团制度的有美国、英国和我国香港地区等，日本自2009年起也采用此制度。

案件事实的认定是初审法院的重要工作，在采用陪审团的审判制度里，由普通民众所组成的陪审团通常用来认定纯然客观之事实。陪审团所认定的结果在英美法上称为verdict，仅具有事实认定之效果而非正式判决，法官会据以参酌法律判断作出判决。如果陪审团所认定的判决不合乎常理，或者有违背法官所给的法律指示，法官可以排除陪审团的结论而直接作出判决（英美法上称为JNOV）。

陪审团根据人数多少，可以分为大陪审团和小陪审团。大陪审团可以在任期内审理若干起案子，小陪审团则是一案一组。小陪审团一般由6～12人组成。美国法律规定，每个成年美国公民都有担任陪审员的义务。但是不满18周岁、不在本土居住、不通晓英语、听力有缺陷的人及有前科者，没有资格担任陪审员。挑选陪审员，先由法庭用抽签的办法，抽出若干名有本州身份证的居民，作为候选人。之后每人都必须填写一份有关本人情况的调查问卷。得到法庭通知后，再到法庭接受询问和参加下一轮挑选。

通俗地说，陪审团就是通过抽签随机选出的符合资格的公民，他们被集中到一起，在案件审理期间不得与外界联系。他们负责投票决定对某一被告是否起诉、是否有罪。

“毒树之果”

所谓“毒树之果”，是美国法院在刑事司法审判中逐步总结的证据规则之一，意指“根据以刑讯逼供等非法手段所获得的犯罪嫌疑人、刑事被告人的口供获得的第二手证据（派生性证据）”。通俗地说就是，违法取得的证据为“毒树”，而以该证据为线索间接取得的证据为“毒果”，尽管该衍生证据是在合法的情况下取得的，但由于非法证据的毒素的传染导致其适格性受到法庭的质疑，故“毒果”也不得使用。其间所描述的“毒树”可能源于美洲的毒番石榴树，以此作比喻来阐述非法证据以及据此非法证据获得的第二手证据必须排除的原则。因为“树”是有毒的，可以推定其结的果实也是有毒的，尽管在树的生长中，吸收了充足的阳光和丰富的养料，且阳光和养料都是好的，没有毒性，但由于“树”其自身的毒性导致了果实的毒性。这是关于非法证据排除原则中一种形象的论述。

法槌

法槌源于我国古代的惊堂木。以往在我国基层法院庭审中有时会出现法庭秩序问题，法官往往采取大声呵斥甚至猛拍桌子的做法，不仅影响执法者形象，也有损法庭尊严。

法槌由主审法官使用，通常只敲一下。法庭开庭或继续开庭，先敲槌后宣布；休庭或闭庭，先宣布后敲槌；判决或裁定，也是先宣布后敲槌。我国法槌的设计与制作是大有讲究的：槌体的上端刻一个独角兽头，乃是古代皋陶治狱所用“性知有罪，助狱为验”的神兽；槌体顶部镶嵌象征公平与正义的天平铜片；底部的圆形与方形底座，则暗喻“方圆结合，法律的原则性与灵活性相结合”。槌柄刻有麦穗与齿轮，说明“我国是工人阶级领导的，以工农联盟为基础的人民民主专政的社会主义国家”。整个底座以一块整木制成，敲击时声音敦实有力。底座四角上镶嵌着极具民族特色的“徽纹”图案。

人民法院标志

人民法院标志由麦穗、齿轮、华表、天平、红旗组成。麦穗和齿轮象征着工人阶级领导的、以工农联盟为基础的人民民主专政的国体；华表是中华民族的象征；天平象征着公平与正义；红旗象征着伟大的社会主义祖国。

中国古代辩词精粹二则

1. 晏子巧辩救马夫

齐景公派人饲养一匹自己最喜爱的马，有一天马突然死了，景公盛怒之下要肢解马夫，并说：谁敢为他求情，与之同罪。这时，晏子正在景公面前伺候，见景公身边侍奉的人拿刀向马夫走去，晏子让他停下，并问景公："请问尧舜（泛指施仁政之君主）以肢解方式杀人，是从谁开始的？"景公惊惶地答道："从我开始的。"于是景公下令不肢解马夫，说："把他交付狱官审理。"晏子说："他还不知道犯了什么死罪呢。我替您数数他的罪行，再把他交给狱官定罪。"景公说："可以。"晏子数落道："你的罪共有三条，主公让你养马，你却让它死了，当判死罪，这是第一条；死的是主公最心爱的马，又当判死罪，这是第二条；让主公因为一匹马的缘故而杀人，百姓听了一定会埋怨主公，诸侯听了一定会轻视我国，你害死主公的马，让怨愤集结在百姓心里，兵力又弱于邻国，你当判死罪，这是第三条。现在把你交给狱官处理吧。"景公听后，长叹一口气说："先生，放了他吧，不要让他损害了我的仁德。"

2. 厨师自我辩护

晋平公宴请客人，家臣送上来的烤肉上面有头发缠绕，晋平公很生气，下令立即将烤肉的厨师杀掉。那位厨师大声喊道："天啊！臣有三大罪状，死到临头自己还不清楚吗？"晋平公听到便问他："你的话是什么意思？"厨师回答："我的刀很锋利，轻轻一切骨头都断了，可那头发却不断，这是我该死的第一条；用桑木炭烤肉，肉被烤得红里透白，可头发却没被烤焦，这是我该死的第二条；烤肉熟了，两眼仔细看过，头发缠绕在肉上却看不见，这是我该死的第三条。我想宫中大概有人暗中嫉恨我吧！若杀了我，我就成了冤死鬼。"

案例思考

2015年上海陆续出现涉嫌"钓鱼执法"的争议事件。该市闵行区一公司职员张某在上班路上因好心搭载"突发胃病"的一陌生男子去医院，不料该男子上车几分钟后即拔走张某的车钥匙，旋即，数名交通行政执法人员赶到现场，张某被以"非法营运"为名罚款1万元。张某向闵行区人民法院提出行政诉讼并获受理。而同样遭遇"钓鱼执法"的19岁司机孙某，因无法自证清白竟愤而自杀，虽最终未遂，却几乎将手指切断。

问题：你对"钓鱼执法"有何看法？

参考文献

[1] 王燕军，孙彬．物业管理法规．6版．广州：广东高等教育出版社，2024.

[2] 王燕军．农村政策法规．北京：国家开放大学出版社，2020.

[3] 法学概论编写组．法学概论．5版．大连：东北财经大学出版社，2021.

[4] 陈光中．刑事诉讼法．5版．北京：北京大学出版社，高等教育出版社，2013.

[5] 国家司法考试辅导用书编辑委员会．2015年国家司法考试辅导用书．北京：法律出版社，2015.

[6] 李春孟．劳动合同完全法律指南．北京：中国法制出版社，2007.

[7] 樊崇义．刑事诉讼法学．3版．北京：中国政法大学出版社，2013.

[8] 常怡．民事诉讼法学．6版．北京：中国政法大学出版社，2008.

[9] 王建平，姜俊禄．中华人民共和国劳动合同法释义．北京：中国法制出版社，2007.

[10] 高铭暄，马克昌．刑法学．5版．北京：北京大学出版社，2011.

[11] 龙翼飞．民法学：上、下．北京：国家开放大学出版社，2023.

[12] 孙国华，朱景文．法理学．4版．北京：中国人民大学出版社，2015.

[13] 沈宗灵．法理学．4版．北京：北京大学出版社，2014.

[14] 吕忠梅．环境法学．2版．北京：法律出版社，2008.

[15] 王燕军，许燕婵．新编公司法教程．北京：国家开放大学出版社，2025.

[16] 王燕军．婚姻家庭关系．广州：广东人民出版社，2023.